Che Guevara

Rüdiger Nehberg

Claus Schenk
von Stauffenberg

Jeanne d'Arc

Óscar Romero

Siegfried

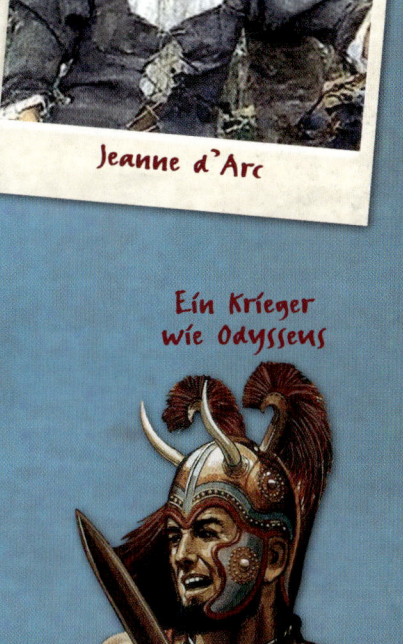

Robert Blum

Ein Krieger
wie Odysseus

König Artus

Bertha
von Suttner

Lukas Podolski

Barack Obama

Albert Einstein

TREFF-Schülerwissen
HELDEN
Die Wahrheit über echte Vorbilder und falsche Idole
Text: Detlev Krüger-Sperling
Gestaltung: Dietmar Beyer

Velber Verlag
© 2009 Family Media GmbH & Co. KG, Freiburg i. Br.
Alle Rechte vorbehalten

Repro: Meyle+Müller, Pforzheim
Druck und Bindung: Himmer, Augsburg

ISBN: 978-3-86613-583-3

HELDEN

Die Wahrheit über echte Vorbilder und falsche Idole

Tatsachen

Informationen

Hintergründe

INHALT

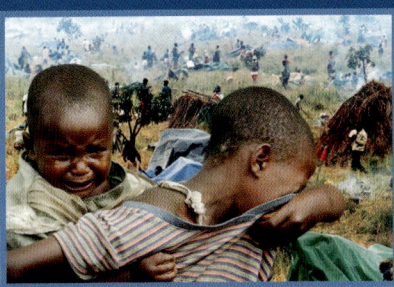

Wer ist eig

Was hat Jeanne d'Arc mit Barack Obama zu tun? Auf den ersten Blick nichts. Jeanne, bei uns besser bekannt als die Jungfrau von Orléans, ist eine Gestalt aus der französischen Geschichte und schon lange tot. Barack Obama ist der amerikanische Präsident, der mächtigste Mann der Welt. Doch bei näherem Hinsehen haben beide etwas gemeinsam. Beide haben etwas getan, was andere Menschen vorher nicht getan haben. Beide zeichnet etwas aus, das sie aus der Masse der Menschen heraushebt.

Jeanne zog Männerkleider an und kämpfte an der Spitze des französischen Heeres gegen die Engländer. Obama hat es als erster Schwarzer geschafft, amerikanischer Präsident zu werden. Seine Worte, seine Taten geben Millionen Menschen die Hoffnung, dass die Welt ein wenig besser wird. Weil beide Personen etwas Besonderes und Außergewöhnliches vollbracht haben, werden sie bewundert und verehrt. Deswegen gelten sie als Vorbilder und Helden.

Vorbilder und Helden gibt es, seit es Menschen gibt. Dass man sich an anderen Menschen orientiert, ist normal. Denn wir Menschen leben in einer Gemeinschaft, in der man sich ständig mit anderen vergleicht. Die ersten Vorbilder sind übrigens die eigenen Eltern. Aber spätestens, wenn Kinder und Jugendliche herausfinden, was und wie sie sein wollen, werden die Eltern abgelöst von anderen Vorbildern und Helden. Dann sind es individuell gewählte Figuren und Personen, die den eigenen Wünschen und Träumen entsprechen.

Wer träumt nicht selber mal davon, ein Held zu sein? Wer hat nicht selber den Wunsch, etwas Besonderes zu leisten und umschwärmt zu werden? Oder zumindest Eigenschaften oder Verhaltensweisen der verehrten Person aufzunehmen und nachzuahmen. Oft sind diese Helden Stars im Fernsehen, in Filmen oder in Computerspielen. Figuren und Gestalten, die die Welt vor Katastrophen retten. Jedoch echte Helden sind das nicht,

ntlich ein Held?

sondern Helden, deren Taten aus dem Drehbuch stammen und bombastisch in Szene gesetzt werden. Aber es gibt sie auch in der Wirklichkeit – die echten Helden: in der Geschichte und in der Gegenwart. Helden, die auf verschiedenen Gebieten etwas Außergewöhnliches vollbringen. Frauen und Männer, die über sich hinauswachsen, durchhalten und nicht aufgeben, um ein bestimmtes Ziel zu erreichen.

Diese Ziele können Freiheit, Frieden, Menschenwürde, Gerechtigkeit oder die Verwirklichung einer Idee sein. Frauen und Männer, die sich selbstlos für andere Menschen einsetzen. Frauen und Männer, die für Forschung und Erkenntnis ihr Leben riskieren.

Wir haben in unserem Buch Helden nach diesen Kriterien ausgewählt. Aber die Liste ist nicht vollständig. Sie kann auch nicht vollständig sein, weil jede Zeit in der Geschichte der Menschheit ihre eigenen Helden hat. Helden sind immer der Spiegel der jeweiligen Gesellschaft, ihrer Lebensumstände und ihrer Wunschvorstellungen. Deswegen gehören auch Sagenfiguren wie Odysseus und König Artus dazu.

Auch in der Gegenwart gibt es viele Helden und Vorbilder. Sie setzen täglich ihr Leben aufs Spiel. Um zu retten, zu bergen, zu schützen oder um zu löschen. Wir, die in dieser Gesellschaft leben, nehmen ihre Arbeit jedoch nur beiläufig wahr. Das hat damit zu tun, dass diese Retter sich selbst nicht als Helden sehen. Sie sehen ihren Einsatz als Selbstverständlichkeit an. Oft bekommen sie nicht einmal ein Dankeschön. Aber sie sind die wahren Helden des Alltags.

Detlev Krüger-Sperling

Klassische Helden sind meistens Kriegshelden. Wie Brad Pitt als Achill im Kinofilm „Troja": männlich, muskelbepackt, mutig, stets kampfbereit. Es kommt immer auf den Blickwinkel an, ob sie für das Böse oder das Gute kämpfen. Und vergessen wird in der Regel, dass klassische Helden oft skrupellos und hinterlistig sind…

Kampf

bereit für
Ruhm und Ehre

Supermann der Antike

Die gefräßigen Köpfe der Skylla kommen bedrohlich näher. Sechs seiner Gefährten hat das Seeungeheuer bereits gepackt und verschlungen. Da reißt Odysseus das Ruder seines Schiffes herum und entkommt in letzter Sekunde.

Odysseus, der berühmte Sagen-held aus der griechischen Antike, hat sich wieder einmal aus einer lebensbedrohlichen Situation gerettet. Kaum ein anderer Aben-teurer kann eine solche Kette von unheimlichen Begegnungen und überstandenen Katastrophen vorweisen. Odysseus ist so etwas wie der Supermann der Antike.

Aber im Unterschied zum Kraftprotz Herkules löst Odysseus seine Abenteuer mit Köpfchen. Das fängt schon im Kampf der Griechen gegen Troja an. Dank Odysseus' schlauem Trick mit dem hölzernen Pferd erobern die Griechen schließlich Troja. Dann wollen einige Götter Odysseus jedoch bestrafen. Aber der übersteht mit List und Tücke alle Katastrophen und bezwingt schier unüberwindliche Hindernisse auf seiner Heimfahrt: gewaltige Stürme, grausame Menschenfresser, geheimnisvolle Mächte, schaurige Ungeheuer, hinterlistige Zauberer. Oft hängt Odysseus' Leben und das seiner Gefährten am seidenen Faden. Aber immer wieder gelingt es dem schlauen Seefahrer, seinen Kopf aus der Schlinge zu ziehen. Kein Wunder, denn der Supermann Odysseus hat in Wirklichkeit nie existiert. Er ist eine Sagengestalt aus der Antike, dem die damals lebenden Dichter, Sänger und umherziehenden Spielleute die fantastischsten Abenteuer zuschrieben.

Schlau, aber leichtsinnig

Der griechische Dichter Homer hat Odysseus' zahlreiche gefährliche Erlebnisse in dem berühmten Heldengedicht „Odyssee" zusammengefasst. Auch heute gilt Odysseus als Urbild des klassischen Helden und als Prototyp des unerschrockenen Entdeckers und Seefahrers. Obwohl sicherlich manche seiner Taten als unbesonnen und unüberlegt zu bewerten sind, überwiegt doch das Bild eines Mannes, der viele positive Eigenschaften in sich vereint: Mut, ungewöhnliche Schlauheit und die brennende Neugier, Unbekanntes zu entdecken.

Wenn Odysseus gelebt hätte, könnte er vielleicht so ausgesehen haben: Mit Schwert, Schild, Helm und Schienbeinschützern

Wie Odysseus den Sirenen entkommt

Sie sind wunderschön und singen herzallerliebst. Jeder Seefahrer, der an ihnen vorbeisegelt, wird unweigerlich von ihrem herrlichen Gesang angelockt. Aber genau das ist tödlich. Denn in Wahrheit sind die bildhübschen Sängerinnen grausame Ungeheuer, halb Mensch, halb Tier. Sie fressen jeden, der am Ufer landet. Wie schafft es Odysseus, nicht auf den betörenden Gesang der Sirenen hereinzufallen? Er befiehlt seinen Matrosen, sich die Ohren mit Wachs zuzustopfen. Sich selbst lässt er an den Mast binden, wie das Bild oben zeigt. Als er den unwiderstehlichen Sirenen-Gesang vernimmt, reißt und zieht er verzweifelt, aber die Seile halten.

HERMANN DER CHERUSKER

Der erste deutsche Held

Ein regennasser Tag im Jahre 9 nach Christus. Es gießt wie aus Eimern. Müde schleppt sich das riesige römische Heer durch den dichten Teutoburger Wald. Viele Soldaten rutschen auf dem schlammigen Boden aus. Plötzlich ein Pfeilhagel, wie aus dem Nichts tauchen bärtige Männer mit Schwertern, Äxten und Keulen auf und stürmen auf die völlig überraschten Römer los.

„Mir nach!", scheint Hermann in dieser Illustration zu rufen. Hermann, dem Cherusker, ist das gelungen, was die Römer nie für möglich gehalten haben: Er einigt die zerstrittenen germanischen Stämme und schließt sie gegen Rom zusammen

Drei Tage dauert die blutige Schlacht, fast alle der rund 20 000 römischen Soldaten sterben. Ein großer Sieg für die vereinten germanischen Stämme unter Führung eines Mannes namens Hermann aus dem Stamm der Cherusker. Auf Lateinisch heißt er Arminius. Er spricht auch Latein, schließlich hat er in Rom mehrere Jahre als Offizier gelebt. Es ist in jener Zeit üblich, dass germanische Stammesführer, die von den Römern unterworfen wurden, ihre Söhne in Rom zu militärischen Führern ausbilden lassen. Das ist eine Art Bündnissystem. Auch viele andere Germanen dienen in der römischen Armee als Soldaten. Viele Gebiete in dem Raum, der später einmal Deutschland heißen wird, stehen unter römischer Herrschaft. Die Germanen gelten als Untertanen und sollen plötzlich Steuern zahlen. Solcherart Abgaben kennen sie aber genauso wenig wie das römische Rechtssystem. Kein Wunder, dass die Germanen darüber verärgert sind und sich gegen die Fremdherrschaft auflehnen. Ihre Wut ist besonders groß, weil die Römer die Abgaben mit aller Härte durchsetzen. Als Hermann aus Rom in seine Heimat zurückkehrt, erkennt er die explosive Stimmung. Er ist ein

en

Sie denken nicht an sich, sondern an andere – an die Schwachen und Unterdrückten. Was sind das für Menschen, die ihr Leben für den Kampf um Freiheit und Gerechtigkeit aufs Spiel setzen? Warum sind einige von ihnen so fanatisch? Und warum ist manchmal Gewalt der letzte Ausweg?

CHE GUEVARA

Über Nacht

Halbnackt und mit zerzausten Haaren liegt der Leichnam des ermordeten Che Guevara auf einer Holzpritsche. Die Augen sind halb geöffnet. Mit dem zur Schau gestellten toten Revolutionär wollen seine Verfolger das Bild des Freiheitshelden zerstören. Doch das Gegenteil tritt ein.

Entschlossener Blick aus großen dunklen Augen, zerzauste Haare und schwarze Mütze mit rotem Stern – das berühmte Foto von Che Guevara (1928-1967). Es ist in aller Welt auf Postern, T-Shirts und Fahnen zu finden

Befreiungskämpfer Che hoch zu Ross im Dschungel Boliviens

Als das Foto vom toten, von Kugeln durchsiebten Körper Che Guevaras um die Welt geht, erinnert es viele Menschen an Christus. Und über Nacht wird der 39-Jährige zum Quasi-Heiligen. Ein Kämpfer und Märtyrer, der für eine gerechte Sache starb. Für Millionen Menschen auf der ganzen Welt gilt er als Symbolfigur im Kampf gegen Unterdrückung.

Che stammt aus einer wohlhabenden Familie in Argentinien. Während seines Medizinstudiums fährt er mit dem Motorrad kreuz und quer durch Südamerika. Er ist erschüttert vom Elend der Armen und Kranken in Peru und geschockt von den erbärmlichen Verhältnissen, unter denen Arbeiter auf den amerikanischen Bananenplantagen leben. Che liest sozialistische Werke und

beschließt, gegen Ungerechtigkeit, Hunger und Ausbeutung zu kämpfen. In Mexiko lernt er den Kubaner Fidel Castro kennen.

Mitverantwortlich für Hinrichtungen

Der plant, die rücksichtslose Regierung auf Kuba zu stürzen. Mit Waffengewalt. Che schließt sich Castros Rebellen an, lässt sich militärisch ausbilden. Er wird erst als Arzt eingesetzt. Später steigt er zum Truppführer, zum Commandante auf. Zwei Jahre dauert der Kampf auf Kuba, bis der Machthaber aufgibt und aus dem Land flieht. Die Revolution hat gesiegt. Aber wie bei vielen gewaltsamen gesellschaftlichen Umwälzungen, richten die Revolutionäre Menschen hin und bauen Straflager. Che, der auf Kuba zum

zur Kultfigur

Che als Medizinstudent: Noch kleidet er sich adrett mit Hemd und Pulli. Erst später verzichtet er nie auf sein berühmtes militärisches Outfit

Gefangen: Mit gesenktem Kopf lässt sich der Befreiungsheld von Soldaten abführen. Der Leichnam des erschossenen Che auf einer Holzpritsche (rechts)

Industrieminister aufsteigt, gilt als mitverantwortlich. Er bleibt auch nach dem Sieg der Revolution ein kämpferischer Rebell. Mit seiner Frau und seinen fünf Kindern lebt er in einem einfachen Haus. Doch die Umgestaltung Kubas in einen sozialistischen Staat läuft nicht so, wie es sich Che in den Kopf gesetzt hat. Er macht Fehler, schließlich gibt er entnervt alle politische Macht ab und verlässt Kuba.

Bauern verraten ihn an den Geheimdienst

Seine Ideale behält er. Jetzt will er die Fahne der Revolution in andere Länder der Welt tragen. Aber er scheitert mit dem Versuch, in Afrika einen Umsturz anzuzetteln. Bolivien wird sein neues Ziel. Dort will er mit einer kleinen Armee den Guerilla-Kampf organisieren und die Militärregierung stürzen. Aber die Revolutionäre bleiben der überwiegend indianischen Landbevölkerung fremd. Bauern und Bergarbeiter, denen er eigentlich helfen will, unterstützen ihn kaum. Sie verraten ihn sogar an die bolivianische Armee. Gehetzt vom Militär und vom amerikanischen Geheimdienst CIA wird Che schließlich gefangen genommen. Ein Soldat erschießt den erschöpften Kämpfer. Die Todesnachricht vom ermordeten Che geht wie ein Lauffeuer um die Welt und macht den zornigen Widerständler zur Kultfigur.

Wie ist Che als Mensch?

Kein Sonnyboy, sondern launisch und selbstlos. Rechthaberisch und gnadenlos gegenüber anderen. Und hart gegenüber sich selbst. Er wäscht sich nicht regelmäßig, trägt stets die gleiche Militärkleidung, sieht oft ungepflegt aus. Momente, in denen er sich als liebevoller Familienvater (Foto unten) zeigt, gibt es selten. Seine Frau und seine fünf Kinder leiden unter seiner Anspruchslosigkeit. Karges Essen, kleine Wohnung, kaum Geld. Als er beschließt, in anderen Ländern den Befreiungskampf fortzusetzen, lässt er seine Familie auf Kuba im Stich.

ROBERT BLUM

Ich sterbe für die deutsche Freiheit

Das sind seine letzten Worte, dann strecken ihn die Kugeln des Wiener Hinrichtungskommandos nieder. So stirbt am Morgen des 9. November 1848 Robert Blum. Ein wackerer Kämpfer für Demokratie und Freiheit in Deutschland.

Mitreißender Redner und Freiheitskämpfer: Robert Blum (1807-1848)

Unten: Obwohl er als gewählter Abgeordneter geschützt ist, wird Robert Blum standrechtlich verurteilt und erschossen

Robert Blum ist in seiner Jugend wissbegierig, liest viel, bildet sich heimlich. Er lernt ein Handwerk, wird aber lieber Sekretär beim Theater. Er beginnt zu schreiben, Gedichte und politische Artikel. In Deutschland riecht es nach Aufbruch, viele Menschen wollen die althergebrachte Fürsten-Ordnung nicht mehr. Sie sehnen sich nach Freiheit und Demokratie. Blum kämpft dafür in seinen Artikeln und Reden. Plötzlich bricht in Paris die Revolution aus. Der Funke springt über: Aufstände und Barrikaden in Berlin, Frankfurt und Dresden. Die Freiheit scheint zum Greifen nah. In Frankfurt will erstmals ein Parlament entscheiden, wie die künftige Ordnung aussehen soll. Blum ist als Abgeordneter dabei, hält flammende Reden über Freiheit und Einheit. Aber die alten Mächte, der König und die Fürsten, erstarken wieder. Sie wollen nicht, dass das Volk beim Regieren mitspricht.

Blums Barrikade an der Donau hält drei Tage

Blum ist frustriert – aber da übernimmt im fernen Wien das Volk die Macht. Blum reist sofort hin. Doch dort rückt schon die Armee an. Der Bürgerkrieg bricht aus. Blum sieht nur einen Ausweg: selber zu den Waffen greifen und die Aufständischen unterstützen. Drei Tage lang verteidigt sein Trupp eine Donau-Brücke. Aussichtslos, gegen die Soldaten haben sie keine Chance. Wien kapituliert. Blum wird verhaftet, verurteilt und erschossen. Tragisches Ende eines Mannes, der stets gegen Gewalt war und nur zu den Waffen griff, weil er darin den letzten Ausweg im Kampf gegen Unterdrückung sah.

Der berühmteste Schweizer

Energisch und tatkräftig:
Wilhelm Tell

Der Apfel auf dem Kopf seines Sohnes ist winzig klein. Wilhelm Tell atmet noch einmal tief durch, zielt lange und schießt. Sein Pfeil zerteilt den Apfel, ohne den Jungen zu verletzen. Unglaublich!

Wilhelm Tell bei seinem berühmten Apfelschuss. Er legt die Armbrust an, nimmt den Apfel auf dem Kopf seines Sohnes ins Visier. Viele Zuschauer wenden entsetzt und in Erwartung eines Unglücks ihre Köpfe ab

Ein Meisterschuss. Die Zuschauer jubeln. Dennoch nimmt die Polizei den Meisterschützen fest. Auf Befehl des unbeliebten Landvogts Hermann Gessler wird Tell auf ein Schiff gebracht, das ihn ins Gefängnis bringen soll. Der Grund: Tell hat freimütig zugegeben, dass er den hohen Beamten mit einem weiteren Pfeil erschossen hätte, wenn sein geliebter Sohn verletzt worden wäre. Allerdings streiten sich die Forscher, ob sich alles so abgespielt hat und ob es wirk-

lich einen Wilhelm Tell gab. Die einen sind davon überzeugt, andere verweisen ihn in das Reich der Heldensagen. Trotzdem gilt Wilhelm Tell als Symbolgestalt für den wackeren Kampf der Schweizer gegen Gewaltherrschaft. Allerdings gerät Tells heldenhaftes Ansehen ins Wanken, weil er später Gessler ermordet. Gessler ist einer der verhassten Verwalter aus Österreich, das im 13. Jahrhundert über weite Gebiete der Schweiz herrscht. Seine Macht setzt er brutal und arrogant durch. So hängt er auf einem Dorfplatz einen seiner Hüte auf, vor dem sich jeder Schweizer verbeugen soll.

Exzellenter Schütze und mutiger Seemann

Klar, dass ein aufrechter Mann wie Tell das nicht mitmacht. Und auf dessen beherzten Apfelschuss folgt eine zweite Heldentat: Das Schiff, das ihn ins Gefängnis bringen soll, rettet er aus Seenot. Einer wie er ist auch ein guter Seemann. Schließlich kann Tell sogar von Bord fliehen. Er lauert dann dem Vogt auf und erschießt ihn. Der Tod des Tyrannen, so wird überliefert, ist das Signal dafür, dass sich das Schweizer Volk im ganzen Land gegen die Fremdherrschaft erhebt ...

Gottesfürchtig und aufrecht

Die Kirche ist brechend voll. Trotz des Verbots des Grafen, den Gottesdienst zu besuchen, sind viele Bauern gekommen. Sie wollen den hören, der ihnen aus dem Herzen spricht: Pfarrer Thomas Müntzer.

Der aufrechte Theologe enttäuscht sie nicht und fordert Freiheit und Selbstbestimmung für die Bauern. Die haben es im 15. Jahrhundert sehr schwer. Sie müssen immer mehr Getreide, Wolle, Fleisch an ihre Herren abgeben und haben selber zu wenig zum Leben. Sie sind wütend auf die Herren in Staat und Kirche. Und diese Herren sind wütend auf Thomas Müntzer (1489-1525). Das ist ein gottesfürchtiger Mann mit eigenen Vorstellungen. Er glaubt zum Beispiel fest daran, dass nur der Arme Gottes Reichtum richtig erfahren kann. In seinen Predigten fordert er so etwas wie eine Kirche von unten. Das gefällt den katholischen Geistlichen und Fürsten ganz und gar nicht. Deswegen kann Müntzer in vielen Städten, in denen er predigt, nicht lange bleiben. Schließlich erhält er Predigt-Verbot. Aber der Pfarrer gibt nicht klein bei.

Standhaft trotz Folter

In einer kleinen Stadt in Thüringen setzt Müntzer seine Vorstellungen von einer christlichen Lebensgemeinschaft um. Inzwischen haben die Bauern losgeschlagen. Sie greifen zu Äxten, Lanzen und Knüppeln, plündern Klöster und Burgen. Müntzer unterstützt die Aufständischen in seinen Predigten. Aber die Fürsten schlagen zurück. In einer blutigen Schlacht vernichten 13000 Soldaten das Bauernheer. Müntzer wird gefangen genommen, verhört und gefoltert. Der Gottesmann soll seine Aussagen widerrufen. Er macht es nicht und wird schließlich enthauptet. Thomas Müntzer – ein aufrechter Reformer, der bereit ist, für seine Sache in den Tod zu gehen.

Am Ostersonntag im Jahre 1525 stürmen 6000 wütende Bauern die Burg Weinsberg im Neckartal, ermorden den Grafen und plündern die Burg

Der Auserwählte

Es ist kalt in der Felshöhle, draußen heult der Wind. Mohammed friert und zittert. Da sieht er plötzlich eine Gestalt am nächtlichen Himmel, einen Mann mit wehendem Gewand.

Ernster und nachdenklicher Blick: Mohammed (570-632) mit Turban und langem Bart

Mohammed bei einer Predigt auf einem Felsen. Er trägt einen weißen Burnus, das typische arabische Gewand. Vor ihm ein Gebetsteppich

Der spricht zu ihm: „Ich bin der Erzengel Gabriel. Und du, Mohammed, bist auserwählt, der Gesandte Gottes auf Erden zu sein." Mohammed ist überrascht und erschrocken zugleich, nimmt aber die Erscheinung ernst – und den Auftrag an: der Beginn von Mohammeds Leben als Prophet.

Vom Kameltreiber zum Kaufmann

Er stammt aus einer armen Familie in Mekka. Der Junge wächst bei Verwandten auf, da seine Eltern früh gestorben sind. Später arbeitet er als Kameltreiber für eine Witwe. Die beiden verlieben sich ineinander und heiraten. Mohammed wird reich, zweifelt aber daran, ob er das Richtige in seinem Leben tut. Oft wandert er ziellos umher. Dann hat er die berühmte Erscheinung in der Höhle. Von da an beginnt Mohammed, die Botschaft von Allah als einzigem Gott zu verkünden. Aber er hat es schwer in Mekka, dort verehren die Menschen viele Götter in Tier- und

Menschengestalt. Die Götterbilder befinden sich an der Kaaba, einem schwarzen heiligen Stein. Weil er in Mekka wenig Anklang findet, wandert er mit seinen Anhängern nach Medina aus. Dort hat er erneut Erscheinungen und verkündet sofort, was Gott ihm angeblich aufgetragen hat. Er ist ein mitreißender Redner, kann Menschen begeistern und Streit gut schlichten. Vieles, was Mohammed predigt, schreiben seine Anhänger auf. Aus den Niederschriften entsteht später der Koran, die heilige Schrift des Islams. Aber vorher kommt es zum Krieg zwischen Medina und dem „ungläubigen" Mekka. Mal siegen die Mekkaner, mal Mohammeds Truppen. Schließlich kapituliert Mekka vor den fanatischen Anhängern Mohammeds. Der lässt alle Götterbilder zerstören, schont aber das Leben und das Eigentum der Einwohner. Die Kaaba erklärt er zum Symbol für den Glauben an Allah.

SPARTACUS

Sie sind ehemalige Sklaven und kämpfen als Gladiatoren gegen wilde Tiere und auch gegeneinander – grausame Shows zur Unterhaltung des römischen Volkes in der Antike. Eines Tages hat einer der Gladiatoren die Nase voll vom blutigen Gemetzel. „Wenn wir schon kämpfen müssen, warum nicht gegen unsere Herren?", ruft er seinen Leidensgenossen zu. Spartacus heißt dieser Kämpfer, der schnell zum Anführer des berühmten Sklavenaufstandes wird. Ein kräftiger Mann griechischer Herkunft, der glänzend mit Speer und Schwert umgehen kann. Mit 70 Gleichgesinnten überwältigt er die Wachen der Gladiatorenschule und flieht in die Wälder. Sie überfallen reiche Bauernhöfe und Landhäuser. Die Nachricht des Aufstands verbreitet sich wie ein Lauffeuer. Tausende von Sklaven laufen jetzt ihren Herren weg und schließen sich den Aufständischen an. Bald sind 70000 Mann zusammen. Eine gewaltige Streitmacht, die Rom das Fürchten lehrt. Das Sklavenheer besiegt mehrfach römische Legionen. Spartacus will seine Leidensgenossen befreien, die aus aller Welt ins Römische Reich verschleppt worden sind, und sie in ihre Heimat zurückführen. Weiter als bis nach Süditalien kommt er nicht. Sein Heer wird von drei römischen Armeen eingekreist und niedergemetzelt.

Das Ende des Sklavenaufstandes: Die siegreichen Römer schlagen Spartacus und seine Getreuen ans Kreuz. Tausende weiterer Gefangener landen auf den Galeeren

EL CID

Grimmig und zielbewusst: El Cid, spanischer Held

Jedes Kind in Spanien kennt den Namen El Cid. Als Rodrigo Diaz de Vivar in einer armen Adelsfamilie geboren, hat der Mann in der zweiten Hälfte des 11. Jahrhunderts alles erreicht, was ein Ritter sich nur wünschen kann: Land, Reichtum und Ruhm. Unbesiegt auf dem Schlachtfeld und schon zu Lebzeiten eine Legende. Mit ihm beginnt die Rückeroberung Spaniens durch die Christen. Es geht um die Vorherrschaft auf der iberischen Halbinsel. Große Teile des heutigen Spaniens stehen damals unter arabischer Herrschaft. Mauren werden die Besatzer genannt. Christliche Königreiche kämpften gegen die arabischen Machthaber, aber auch untereinander. El Cid mischt als tapferer Ritter überall mit, kämpft sogar im Dienst der Mauren. Die geben ihm den Ehrennamen Cid. Das ist arabisch und heißt Herr.

Seine größte Heldentat ist die Eroberung von Valencia, diesmal aber für die Christen. Fünf Jahre regiert er dort als unabhängiger und strenger Fürst. El Cid stirbt nicht im Kampfgetümmel, sondern friedlich im Bett. Sein Ruf als unbesiegbarer Krieger bleibt.

El Cid als stolzer Ritter in einer Schlacht gegen die Mauren. Er trägt über seiner Panzerung ein weißes Hemd mit einem Kreuz – das Symbol der Christen

SIMON BOLIVAR

Ein ganzes Land – Bolivien – ist nach ihm benannt. Simón Bolívar (1783-1830)

Sein Name steht für den erbitterten Kampf um ein unabhängiges Südamerika – gegen die spanischen Kolonialherren, die seit dem 16. Jahrhundert den größten Teil des südamerikanischen Kontinents beherrschen. Simón Bolívar stammt aus einer reichen Familie im heutigen Venezuela. Die schickt ihn nach Europa, ausgerechnet während der französischen Revolution. Begeistert saugt Bolívar das freiheitliche Gedankengut auf. Zurück in Südamerika, wird er politisch aktiv und setzt sich großspurig als „Libertador" (Befreier) an die Spitze der Unabhängigkeitsbewegung. Seine Erfolge: Venezuela wird unabhängige Republik. Dann ruft er sogar Großkolumbien aus: eine Republik, die die heutigen Staaten Venezuela, Kolumbien, Panama, Ecuador und Peru umfasst. Bolívar wird Präsident. Aber die Spanier geben ihre reichen Kolonien nicht auf. Sie schicken Soldaten. Viehbesitzer und königstreue Einheimische verbünden sich mit ihnen. Es geht hin und her. Mehrmals muss Bolívar fliehen. Aber zäh und verbissen kämpft er für seine Ideale. Tollkühn ist sein Marsch mit 2000 Mann über die rund 6000 Meter hohen Anden, kurz darauf besiegt seine Armee die Spanier endgültig. Bald kommt es in Großkolumbien zum Streit unter den unterschiedlichen Ländern. Bolívar ist daran beteiligt. Er ist stur und besteht darauf, dass nur seine Sicht der Dinge richtig ist. „Der Libertador" macht sich zum Diktator. Das schürt Unmut und sogar Aufstände gegen ihn. Bolívar muss zurücktreten und stirbt im gleichen Jahr.

Bolivars Soldaten mit der gelb-blau-roten Flagge. Das sind heute die Farben der Nationalflaggen von Venezuela, Kolumbien und Ecuador

WILLIAM WALLACE

Wilde Mähne, draufgängerischer Blick: William Wallace, der größte schottische Nationalheld

Er ist der Mann, der die Engländer im 13. Jahrhundert das Fürchten lehrt. Damals hat der englische König seine Herrschaft auf Schottland ausgedehnt. Aber die Schotten wehren sich. Allen voran William Wallace, ein junger Adliger – riesengroß, zornig und mutig. Er schart Bauern und kleine Gutsbesitzer um sich und greift englische Standorte in Schottland an. Bald hat er halb Schottland erobert. Das lässt sich der englische König nicht gefallen, er schickt ein Heer. Aber Williams Truppen besiegen es. Der schottische Hochadel schlägt William zum Ritter und Hüter Schottlands. Jedoch seine Macht währt nur kurz. Ein neues, größeres englisches Heer bezwingt nun die Schotten. William muss fliehen, wird verraten und gefangen genommen. Jetzt übt England blutige Rache an dem aufmüpfigen Schotten. Er wird zum Tode verurteilt, ausgeweidet und zerstückelt. Sein Kopf wird auf der London Bridge aufgespießt. Heute erinnert in Schottland ein 67 Meter hoher Turm (rechts) an den Freiheitskämpfer.

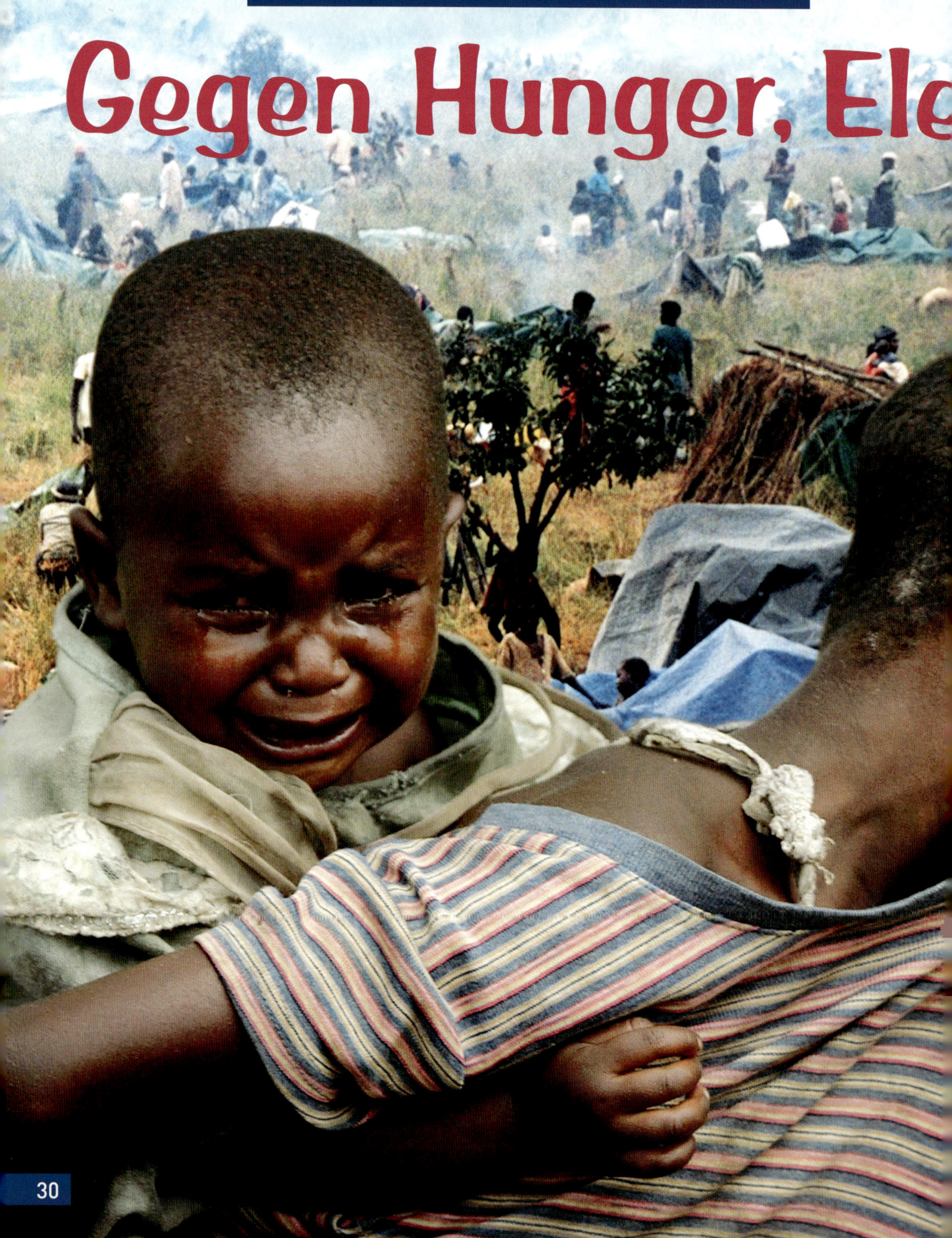

FÜR DEN WELTFRIEDEN

Gegen Hunger, Ele

30

nd und Krieg

An jedem Tag herrscht auf der Welt irgendwo Krieg, Gewalt oder Unterdrückung. Und an jedem Tag verhungern irgendwo Menschen. Das ist so, seit es Menschen gibt. Leider. Wir können offenbar nicht friedlich und gerecht miteinander umgehen. Aber zum Glück gibt es Menschen, die sich unermüdlich und vorbildlich gegen jegliche Form der Gewalt einsetzen – ohne dabei selbst gewalttätig zu sein.

NELSON MANDELA

Versöhnung statt Ra

Es ist der 11. Februar 1990. Die Eisentür des Staatsgefängnisses in Südafrika öffnet sich quietschend. Durch das Tor schreitet ein hoch-gewachsener Mann mit eisgrauem Haar. Als Nelson Mandela lächelnd und mit erhobener Faust in die Freiheit geht, jubeln ihm Tausende seiner Mitbürger zu.

Sie sind gekommen, um den un-ermüdlichen Kämpfer gegen die Apartheid zu begrüßen. 27 Jahre saß Mandela im Gefängnis. Und das nur, weil er gegen die Apartheid gekämpft hat, gegen Rassentrennung (siehe rechts). Aber nach vielen weltweiten Protesten ist er jetzt endlich frei. Ein später Sieg für die Gerechtigkeit. Als Sohn eines Häuptlings erblickt

Endlich frei! Mandela am Tag seiner Entlassung aus dem Gefäng-nis. Triumphierend heben er und seine Frau Winnie die Fäuste. Tausende seiner Anhänger freuen sich mit ihm

er 1918 das Licht der Welt. In der Schule lernt Nelson schnell und gut, darf sogar studieren. An der einzigen Universität, die auch Schwarze zu-lässt. Bald protestiert er öffentlich gegen die Rassentrennung, for-dert auf Demonstrationen Frei-heit und Gleichstellung für die

Fliegen wie ein Vogel, auf dem Mond landen und zum tiefsten Punkt der Meere tauchen... Es gibt Menschen, die alles daransetzen, das zu verwirklichen oder zu entdecken, was auf den ersten Blick unmöglich oder fern erscheint. Und es gibt Menschen, die die Welt verändern. Allein durch ihre Gedanken. Dazu gehören viel Kraft und der Mut, Grenzen zu überwinden.

chen,
winden!

Wagemutig – über den Wolken und im Meer

Sein Großvater Auguste flog mit einem Ballon 16 000 Meter hoch in den Himmel. Sein Vater Jacques tauchte zum tiefsten Punkt der Erde 11 000 Meter unter den Meeresspiegel. Bertrand selbst umflog die ganze Erde in einem Ballon, ohne ein einziges Mal zwischenzulanden. Die Familie Piccard ist die berühmteste Forscher- und Entdeckerfamilie der Welt.

Angefangen hat alles mit Auguste Piccard (1884-1962). Der ist schon als kleiner Junge fasziniert von allem, was mit dem Fliegen zusammenhängt. Minutenlang kann er einem Flugzeug am Himmel nachschauen. Später studiert er Mathematik und Physik. Auch als er Professor ist, bleibt der Himmel das Ziel seiner Forschung. Piccard entwickelt einen Heißluft-Ballon, mit dem er über den Wolken die Strahlung messen will. Auf 16 000 Meter steigt der Ballon. Eine bis dahin unvorstellbare Höhe, die den Professor auf einen Schlag weltberühmt macht.

11 000 Meter – so tief tauchte bisher noch keiner

Der quirlige Physiker nimmt den Ruhm gelassen, eigentlich ist er in Gedanken schon ganz woanders. Was nach oben geht, muss auch nach unten, also im Meer, möglich sein, denkt er. Und er baut nach dem gleichen Prinzip, wie er die Kabine für den Heißluft-Ballon entworfen hat, ein Unterseeboot. Damit wagt er sich in die Tiefe des Meeres. Mit an Bord ist meist sein Sohn Jacques. Der hat die Begeisterung fürs Tauchen geerbt. Gemeinsam erreichen sie die damalige Rekordtiefe von 3150 Metern unter dem Meeresspiegel. Da ist Auguste schon 61, aber der rastlose Erfinder hat vor, noch tiefer zu tauchen. Das gelingt ihm jedoch nicht mehr. Auguste stirbt, während er an einer neuen modernen Tauchkugel hantiert. Sein Sohn Jacques ist es, der jetzt vollends in

Start zum Rekordflug am 18. August 1932. Der riesige Ballon steigt auf 16 000 Meter Höhe. Auguste Piccard und seine Begleiter befinden sich während des Fluges in einer kleinen Stahlkugel unter dem Ballon.
Das Foto unten zeigt den Professor, wie er seine Konstruktion erläutert

die Fußstapfen seines Vaters tritt. Jacques Piccard ist kein Ingenieur wie Auguste, sondern Wirtschaftswissenschaftler.
Er hat aber von kleinauf von seinem Vater alles über U-Boote gelernt. Die Geheimnisse der Meere noch weiter zu erforschen – das wird zu seinem Lebensziel, als er in die Firma seines Vaters eintritt. Und er lernt schnell. Seine U-Boote, die er konstruiert, finden staunende Anerkennung der Fachleute. Und eines Tages baut er ein Tauchboot,

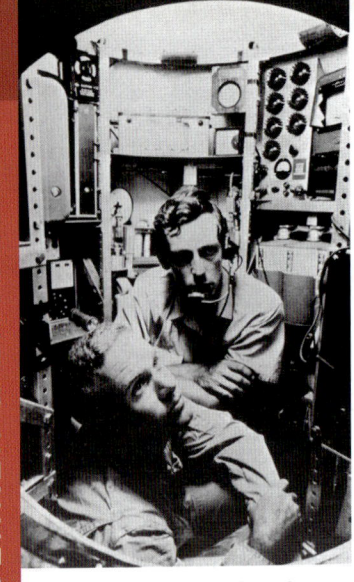

Jacques Piccard und Don Walsh in der mit Messgeräten bestückten Stahlkugel des Tauchbootes „Trieste". 1960 erreichen die Forscher mit diesem U-Boot eine Tiefe von 11 000 Meter unter dem Meeresspiegel. Niemals zuvor ist ein Mensch so tief getaucht

mit er den Traum seines Vaters verwirklicht. Gemeinsam mit dem Amerikaner Don Walsh taucht er über 11 000 Meter tief. Niemals zuvor ist ein Mensch so tief getaucht. Eine technische Meisterleistung, jedoch lebensgefährlich.

Am tiefsten Punkt der Ozeane, dem Marianengraben, ist es eiskalt, und es herrscht ein tonnenschwerer Wasserdruck. „Es knirschte und krachte. Wir wagten kaum zu atmen. Aber es war ein wahnsinniges Gefühl zu wissen, wir sind am allertiefsten Punkt des Meeres", sagt Jacques später. Im fahlen Licht der Scheinwerfer erkennen die Forscher, dass der Meeresboden schlammig ist, dann entdecken sie ein, zwei Plattfische. Das Auftauchen des

U-Boots dauert lange, unendlich lange vier Stunden. Aber dann kommen sie wieder an die Wasseroberfläche. Unversehrt und überglücklich. Die beiden werden als Helden der Tiefsee gefeiert. Das Tauchen lässt Jacques nun nicht mehr los, und später weiht er auch andere Menschen in den Zauber der Unterwasserwelt ein. Er baut ein U-Boot, mit dem er Passagiere auf den Grund des Genfer Sees befördert. Er selbst nimmt noch im hohen Alter an Tauchgängen in die Tiefsee teil. 2008 stirbt er mit 86 Jahren in seinem Haus am Genfer See.

Ohne einen Tropfen Benzin um die Welt

Der dritte im Bunde der berühmten Entdeckerfamilie ist Bertrand Piccard. Er ist der Sohn Jacques Piccards und der Enkel von Auguste Piccard. Kein leichtes Erbe, denn natürlich erwartet man von ihm, dass er die Tradition der Familie fortsetzt. Das will der zurückhaltende und nachdenkliche junge Mann anfangs nicht. Aber dann packt es ihn doch: Er lernt das Fliegen mit dem Gleitschirm, dann begeistern ihn Ultra-

Über die Rekord-Tauchfahrt von Piccard und Walsh berichten die Zeitungen auf der ganzen Welt. Hier die Titelstory des amerikanischen Magazins „Life". Links: Jacques Piccard mit seinem Sohn Bertrand vor dem berühmten U-Boot „Trieste"

Gigantischer Alpenblick. Eins der vielen Panorama-Bilder auf Bertrand Piccards Weltumkreisung per Heißluftballon (1990)

Die Rekord-Ballonflieger Bertrand Piccard und Brian Jones. 20 Tage dauert ihre Nonstop-Reise um die ganze Erde

leichtflugzeuge. Mit einem dieser winzigen Gleiter überquert er sogar die Alpen. Er ist jemand, der sich neben der Technik auch für das interessiert, was im Menschen vorgeht, für dessen Wünsche und Gefühle. Bertrand studiert Psychologie und wird Psychiater. Das ist ein Arzt, der sich um Erkrankungen der Seele kümmert. Aber seine Leidenschaft fürs Fliegen zieht Bertrand immer wieder hinauf in den Himmel. Bald ist es das Ballonfahren, was ihn fasziniert. Und er hat einen Traum: einmal die Welt in einem Ballon umkreisen, nur vom Wind angetrieben. Er schafft es: 20 Tage dauert die Reise, 20 Tage ohne Zwischenlandung, 45 000 Kilometer. Und jetzt hat der Schweizer die Sonnenenergie entdeckt. Bertrand hat ein Hightech-Solarflugzeug gebaut, mit dem er die Erde umfliegen will. Ohne einen Tropfen Treibstoff – nur mit der Kraft der Sonne. Damit hofft er, die Überlegenheit von erneuerbarer Energie zu beweisen.

Fliegen nur mit Sonnenenergie

Mit seinem Solarflugzeug will Piccard beweisen, dass Solarenergie optimal nutzbar ist und künftig die auf Öl basierenden Treibstoffe ersetzen kann. Das Foto zeigt den Prototypen des Solarfliegers. Auf den riesigen Flügeln befinden sich 12 000 Solarzellen. Geplante Motorleistung: 12 PS. Tagsüber müssen die Zellen viel Sonnenenergie tanken, damit das Flugzeug in der Nacht weiterfliegen kann.

MARIE CURIE

Sie löst das Rätsel der Strahlung

Eine feuchte, baufällige Baracke ist ihr Labor. Sie arbeiten mit alten und primitiven Apparaten, Messgeräten und Brennern. Aber weder die widrigen Umstände noch die sehr bescheidene Geräteausstattung stören die wissbegierigen Forscher Marie und Pierre Curie.

Bescheiden und aus heutiger Sicht primitiv sind die Messgeräte und Apparaturen der beiden Physiker. Umso höher muss das Ergebnis ihrer Forschung bewertet werden

Unten: So sieht es aus, das strahlende Gestein – die Pechblende

Es ist das Labor, in dem Marie die bisher unbekannten strahlenden Elemente Radium und Polonium entdeckt. Die Strahlung nennt sie Radioaktivität. Gemeinsam mit ihrem Mann erhält sie für ihre Forschung den Nobelpreis für Physik. Sie ist die erste Frau, die einen Nobelpreis bekommt. Acht Jahre später verleiht man ihr sogar zum zweiten Mal die begehrte Auszeichnung. Diesmal für Chemie.

Wer ist diese einzigartige Frau? Schon in ihrer Kindheit in Polen zeichnet sie sich durch ungeheuren Fleiß und Ehrgeiz aus. Sie spart eisern, um später einmal zu studieren. Eine Frau, die zur Universität will – das ist selten in jener Zeit. Und dann auch noch Physik und Mathematik. Kein Wunder, dass sie schief angeschaut wird. Aber Marie lernt verbissen und eifrig, glänzt mit ihren Leistungen.

Schließlich läuft ihr der Physiker Pierre Curie über den Weg. Sie forschen zusammen. Aus der gemeinsamen Arbeit wächst Liebe. Sie heiraten und arbeiten wie besessen weiter. Es geht um die Erforschung von Uran, einem geheimnisvollen Metall. Schweres Erz muss aufgelöst, erhitzt, zerkleinert und genau analysiert werden. Allein die Eisenstange zum Umrühren ist so groß wie Marie.

Spagat zwischen Mutterrolle und Beruf

Marie schont sich nicht, obwohl sie ein Kind erwartet. Später bekommt sie noch ein zweites. Viele Menschen in dieser Zeit sehen Marie Curie mit Sicherheit als Rabenmutter an – aber die Forschung geht bei ihr meistens vor. Klar, dass sie förmlich zerrissen ist zwischen Mutterrolle und Beruf. Zum Glück ist da noch Pierres Vater, der bei der Erziehung der Töchter hilft.
Nach Jahren intensiver Forschung endlich ein Erfolg: Marie und Pierre entdecken Stoffe, die bisher völlig unbekannt waren: Polonium und Radium. Eine Sensation. Wissenschaftler in aller Welt sind begeistert. Marie Curie wird zum ersten

Das Forscherpaar im Labor. Marie Curie (1867-1934) mischt Flüssigkeiten in einem Reagenzglas. Pierre Curie (1859-1906) verrührt mit einem großen Löffel erhitztes Metall. Beide arbeiten ohne Handschuhe und Mundschutz. Zu Beginn des 20. Jahrhunderts war die gesundheitsgefährdende Wirkung der Strahlung noch nicht bekannt

wissenschaftlichen Weltstar. Dann der Schicksalsschlag: Pierre verunglückt tödlich. Ein furchtbarer Verlust für Marie, aber sie betäubt ihren Schmerz, indem sie noch mehr arbeitet, fortan Tag und Nacht.

Der erste Star der Naturwissenschaft

Der Lohn: ein zweiter Nobelpreis und ein eigenes Institut. Dann bricht der 1. Weltkrieg aus. Mithilfe von Röntgengeräten, die nun erstmals eingesetzt werden, durchleuchtet die Forscherin verwundete Soldaten auf der Suche nach Kugeln und Granatsplittern. Nach dem Krieg forscht sie weiter, setzt sich aber auch stark für die Gleichberechtigung von Frauen ein.

Allmählich aber rächt sich, dass sie jahrelang ungeschützt mit strahlenden Stoffen gearbeitet hat. Sie wird schwer krank. Woher hätte sie auch wissen können, dass diese Strahlen gefährlich sind? 1934 stirbt sie an den Folgen der Strahlenkrankheit.

Eine außergewöhnliche Frau, die ihr ganzes Leben der Forschung gewidmet hat – eine Heldin der Wissenschaft. Und eine Frau, die sich in der Männerwelt der Forschung zäh und unverdrossen ihren Weg gebahnt hat.

NEIL ARMSTRONG

Der erste Mens

Gespenstisch langsam klettert Neil Armstrong in seinem silbrig glänzenden Astronautenanzug die Leiter an der Wand des Mondlandefahrzeugs „Eagle" hinunter. Silbrig glänzt auch die Mondoberfläche. Es ist der 21. Juli 1969. Der Tag, an dem erstmals ein Mensch den Mond betritt.

Wie ein Siegessymbol scheint die amerikanische Flagge auf dem Mond zu flattern. Aber auf dem Mond gibt es keinen Wind. Armstrong hat die Fahne wie einen Vorhang an einer Querstange aufgehängt. Deshalb sieht es so aus, als ob sie flattere

Kurz vor dem Start: Armstrong im Astronautenanzug – eine Hightech-Konstruktion, die sich den extremen Temperaturschwankungen automatisch anpasst

Staub wirbelt auf, als Neil Armstrong die ersten Schritte wagt. Und mit bewegter Stimme sagt er den berühmten Satz: „Das ist ein kleiner Schritt für einen Menschen – aber ein riesiger Schritt für die Menschheit."

Das Weltall, der Mond und das Fliegen faszinieren ihn schon, als er noch als kleiner Junge auf der Farm seiner Eltern in Ohio Verstecken spielt. Aber lieber noch schaut er den Vögeln beim Fliegen zu und baut Modell-

flugzeuge. Schon mit 16 macht er seinen Pilotenschein. Er studiert Luftfahrttechnik und arbeitet später als Testpilot bei der Airforce. Er liebt den Rausch der Geschwindigkeit und steuert mit Genuss die damals schnellsten Flugzeuge der Welt. Dann wechselt er in die Raumfahrt. Armstrong absolviert mehrere Flüge ins All, kommt aber erst im dritten Anlauf ins Team der Apollo-Mannschaft, die zum Mond fliegen und auf ihm landen soll.

Plötzlich streikt der Bordcomputer

Bei der Mission Apollo 11 gehört Armstrong zur dreiköpfigen Besatzung. Beim Start der Trägerrakete Saturn V scheinen die Voraussetzungen günstig. Erst viel später kommt heraus, dass das Abenteuer Mondlandung um ein Haar schiefgegangen wäre und dass Armstrong es war, der zweimal eine Katastrophe verhinderte. Aber zunächst läuft alles wie geplant: Die Rakete schießt in den Himmel, umkreist die

ch auf dem Mond

Erde und fliegt dann auf der Mond-
umlaufbahn. Dort steigen die Astronauten Armstrong und Aldrich in
die Mondlandefähre „Eagle" um.
Collins bleibt im Mutterschiff.

„Eagle" löst sich wie vorgesehen
von der Kommando-Kapsel und
nimmt Kurs auf den Mond. Doch im
Anflug auf den Mond fällt plötzlich
der Bordcomputer aus. „Eagle"
kommt vom Kurs ab, der vorgese-
hene Landeplatz entpuppt sich als
Felsenmeer. Da übernimmt Armstrong die Steuerung und führt

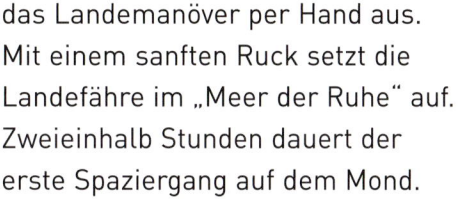

**Im Rausch der
Geschwindigkeit:
Testpilot Neil
Armstrong vor der
North American
X-15. Das Super-
flugzeug fliegt
1960 mit über
7000 Kilometern
in der Stunde**

das Landemanöver per Hand aus.
Mit einem sanften Ruck setzt die
Landefähre im „Meer der Ruhe" auf.
Zweieinhalb Stunden dauert der
erste Spaziergang auf dem Mond.

Ein Kugelschreiber als Zündhebel

Der zweite Zwischenfall ereignet
sich beim Abflug vom Mond. Ausgerechnet der Zündhebel eines
Triebwerks bricht ab. Kurze Panik,
aber dann hat Armstrong den ret-
tenden Einfall: Er verwendet einen
Kugelschreiber als Ersatz für den
abgebrochenen Schalter. Und es
funktioniert. Ohne Probleme hebt
die Raumfähre vom Mond ab, dockt
Stunden später wieder ans Mutterschiff an. Der Rückflug klappt wie
am Schnürchen: der Eintritt in die
Umlaufbahn der Erde. Am 24. Juli
landen sie im Pazifischen Ozean.
Die ganze Welt feiert die
Astronauten.

**Tapsig, wie in Zeitlupe, setzt Armstrong
seine ersten Schritte. Der Astronaut
sinkt tief in den Mondstaub ein. Auf dem
Rücken trägt er ein Sauerstoffgerät**

Was macht Armstrong heute?

Klar, dass einem Helden
wie Armstrong nach sei-
ner Rückkehr vom Mond
alle Türen offenstehen:
Der Astronaut steigt zum
stellvertretenden Leiter
des Washingtoner „Aero-
nautikbüros" auf. Nach
mehreren Jahren Lehr-
tätigkeit als Universitäts-
Professor wechselt er
in die Wirtschaft, wo er
gut bezahlte Manager-
posten erhält.
Heute genießt er seinen
Ruhestand auf seiner
Farm in Wikapeta, Ohio.
Als erster Mann auf dem
Mond bleibt er unverges-
sen. Seine Heimatstadt
hat ihm zu Ehren ein
Neil-Armstrong-Museum
gebaut, in dem auch eine
Nachbildung der Apollo-
11-Kapsel zu sehen ist.

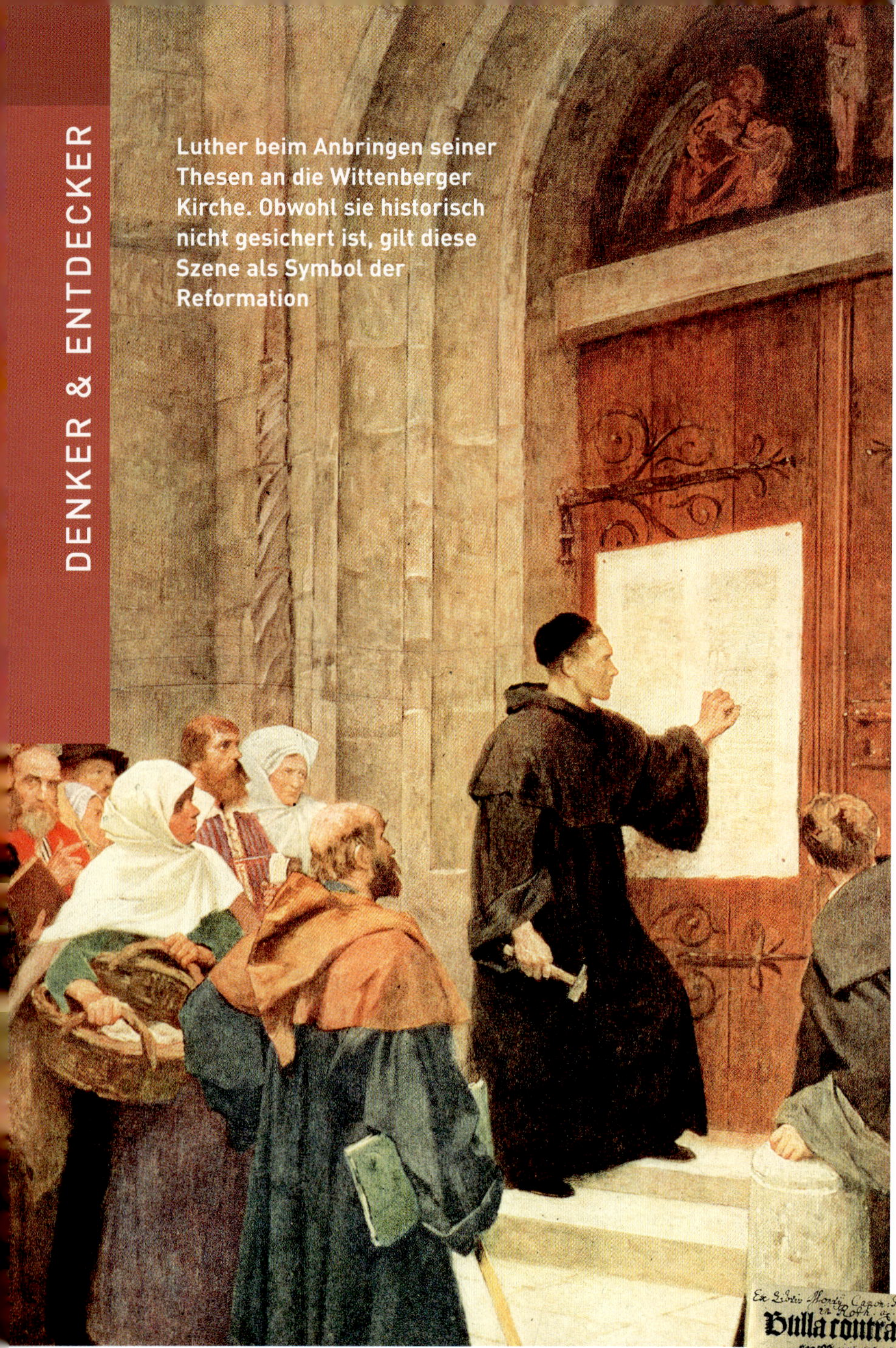

Luther beim Anbringen seiner Thesen an die Wittenberger Kirche. Obwohl sie historisch nicht gesichert ist, gilt diese Szene als Symbol der Reformation

Pechschwarzer Himmel, es kracht und donnert. Plötzlich schlägt ein Blitz in einen Baum ein, ganz dicht neben dem jungen Martin Luther. Zu Tode geängstigt betet der Student: „Wenn ich das überlebe, will ich Mönch werden."

Luther (1483-1546) hält sein Gelübde und tritt in ein Kloster ein. Er studiert Theologie, wird Bibelgelehrter und predigt als Pfarrer. Aber er zweifelt immer mehr an den religiösen Anschauungen, die damals herrschen. Besonders ärgern ihn die sogenannten Ablassbriefe der Kirche.

Öffentlich verbrennt er den Bannbrief

Damit können sich die Menschen von ihren Sünden freikaufen, anstatt zur Beichte zu gehen. Für den strenggläubigen Luther ein schändlicher Handel, der nur dazu dient, Geld in die Kirchenkassen zu spülen.

Empört schreibt er einen Brief an seine Vorgesetzten, in dem er die Missstände anprangert. Diesem Brief legt er die berühmten 95 Thesen über Schuld, Buße und Fegefeuer bei. Dass Luther seine Thesen an die Kirchentür genagelt hat, ist umstritten. Fest steht allerdings, dass Unbekannte

Rechts: der Bannbrief des Papstes Leo X. an Luther. Dieses Dokument gibt es wirklich. Die Bauern nehmen Luthers Thesen zum Anlass, mehr Rechte für sich zu fordern. Aber die Fürsten weigern sich. Deshalb schließen sich viele Bauern zusammen und kämpfen gegen die Fürsten

Ex Libris Moritz Cesar Bein ayotich
in Rott, a. 1734
Bulla contra Erro
res Martini Lutheri
et sequatium.

Der unbeugsame Mönch

den auf Latein verfassten Aufruf ins Deutsche übersetzt und vervielfältigt haben. Wie ein Lauffeuer verbreiten sich Luthers Thesen, sie erregen ungeheures Aufsehen. Und bald spricht ganz Deutschland über den kleinen Mönch aus Wittenberg, der es wagt, den Papst herauszufordern.

Luther weigert sich standhaft, seine Anschauungen zu widerrufen und veröffentlicht weitere Vorschläge zur Erneuerung des Gottesdienstes. Öffentlich verbrennt er das päpstliche Schriftstück, das ihm die Verbannung aus der Kirche androht. Auch vor dem deutschen Kaiser knickt er nicht ein. Daraufhin wird Luther geächtet.

Sein Leben ist in Gefahr. Aber er hat Glück. Der Kurfürst von Sachsen sympathisiert mit ihm und bringt ihn auf der Wartburg in Sicherheit. Dort lebt er unter falschem Namen als Junker Jörg und macht sich emsig an ein gewaltiges Werk: die Übersetzung des Neuen und des Alten Testaments ins Deutsche.

Zornig reagiert er auf die Bauern-Gewalt

Inzwischen haben Luthers Ansichten die althergebrachte Ordnung im deutschen Reich kräftig durcheinandergewirbelt. Radikale Luther-Anhänger zerstören Altäre und Heiligenbilder, plündern Klöster.

Schließlich erheben sich auch die Bauern, die jahrhundertelang von Fürsten, Adel und Kirche unterdrückt wurden. Sie berufen sich auf Luthers Schrift von der Freiheit der Christenmenschen. Aber Luther fühlt sich missverstanden. Er verlässt die Wartburg, predigt und beschwichtigt, wo er nur kann. Die gewalttätigen Bauern verurteilt er scharf und unterstützt die Fürsten. Die Bauernaufstände werden blutig niedergeschlagen.

Danach wird es ruhiger im Land. Luther hat viel zu tun: Er predigt, hält Vorlesungen und organisiert die neuen protestantischen Gemeinden, die in vielen Städten entstehen. Daneben hat er sogar noch Zeit übrig für seine Familie. Der ehemalige Mönch hat geheiratet und erzieht mittlerweile sechs Kinder. Er feiert gern und hat häufig Gäste. Doch im Gegensatz zu seinem offenen Haus wandeln sich seine Ansichten gegenüber Andersgläubigen. Er entwickelt sich zu einem erbitterten Gegner von Juden und setzt sich für die Todesstrafe von Hexen ein. Luther – ein zwiespältiger Held der deutschen Geschichte.

Was macht Luther auf der Wartburg?

Versteckt auf der Wartburg, übersetzt Luther die gesamte Bibel in die deutsche Sprache – 220 Seiten, alles per Hand, in nur elf Wochen. Eine Meisterleistung! Vorher gab es das Neue und Alte Testament nur auf Griechisch und Latein. Kein anderes Buch hat unser Deutsch so geprägt wie die Lutherbibel. Luthers Sprache ist bildhaft und lebensnah. Viele heute normale Ausdrücke wie „im Dunkeln tappen" oder „Perlen vor die Säue werfen" gehen auf seine Übersetzung zurück.

Die Wartburg in Thüringen. Hier hält sich Luther versteckt

Unstillbarer Wissens

Das Gift wirkt nur in direktem Kontakt mit Blut, sagt der Medizinmann. Und Alexander von Humboldt vertraut ihm. Als er den ersten Schluck des berüchtigten Pfeilgiftes trinkt, wird dem jungen Forscher jedoch ganz mulmig…

Die beiden Forscher am Fuße des schneebedeckten Chimborazo. Alexander von Humboldt plant, den 6300 Meter hohen Vulkan in den Anden zu besteigen

Die Skizze der Orinoco-Mündung und rechts die filigrane Studie einer exotischen Pflanze: Zwei Zeugnisse der Dschungelreise des wagemutigen Forschers

Aber es passiert ihm nichts. Alexander ist jemand, der sogar sein Leben riskiert, um alles ganz genau herauszufinden. Auf seiner abenteuerlichen Forschungsreise durch Südamerika schwimmt er in der Nähe von Riesen-Krokodilen, durchquert reißende Stromschnellen, entkommt nur mit knapper Not einem Tiger. Alle Abenteuer schreibt er auf. Alle gesammelten Pflanzen und Tiere skizziert er. Und er vermisst und kartiert jeden Kilometer, den er im Dschungel zurücklegt. Alexander von Humboldt gilt nicht nur als der Vater der Geografie, er forscht auch in vielen weiteren wissenschaftlichen Bereichen: Botanik, Chemie, Physik, Vulkanologie, Astronomie.

Humboldt (1769-1859) ist Botaniker und Geograf zugleich. Hier fertigt er die Zeichnung einer exotischen Blume an

Schon als kleiner Junge fängt er Schmetterlinge und untersucht sie. Nach dem Mathematik- und Bergbau-Studium arbeitet er im preußischen Bergamt.

Er will die Welt vermessen

Der kluge Tüftler erfindet eine Art Gasmaske und eine Grubenlampe, die nicht so leicht ausgeht. Damit ist aber sein Wissensdurst noch lange nicht gestillt. Er ist besessen davon, die Erde grundlegend zu erforschen. Pflanzen, Gesteine, Wetter, Berge, Vulkane, Flüsse – alles. Von dem vielen Geld, das er geerbt hat,

ISAAC NEWTON

Schon als Kind ist Isaac ein Tüftler, bastelt Laternen, Sonnenuhren und Windmühlen. Mit 13 erschreckt er die Dorfbevölkerung, als er einen Mini-Heißluftballon steigen lässt. In der Schule schaut er mehr aus dem Fenster als aufzupassen. Was niemand weiß: Er grübelt über Dinge nach, die ihm in der Natur aufgefallen sind. Erst der Pfarrer erkennt seine Begabung und sorgt dafür, dass er studieren kann. Innerhalb weniger Jahre macht Newton wegweisende mathematische und physikalische Entdeckungen: zum Beispiel, in welchen Farben sich das Sonnenlicht bricht oder wie sich der Schall ausbreitet. Er erkennt als erster, dass zwischen allen Körpern Anziehungskräfte wirken. Diese Schwerkraft ist verantwortlich für Ebbe und Flut und dafür, dass die Planeten um die Sonne kreisen. Dass er darauf gekommen ist, als ihm ein Apfel auf den Kopf fällt, gehört eher in den Bereich der Märchen. Er ist ein Einzelgänger, ein stiller Denker, ungemein fleißig und beharrlich. Als England mit falschen Münzen überschwemmt wird, erhält der schlaue Mathematiker das Amt des königlichen Münzverwalters

Schöpfer der modernen Physik: der Forscher und Rechenkünstler Isaac Newton (1643-1723). Ihm verdanken wir zum Beispiel das Wissen, warum es Ebbe und Flut gibt

und löst die Finanzkrise. Jedoch so klug, scharfsinnig und weitblickend er auch ist, eines kann er nicht ertragen: Kritik. Newton streitet sich öffentlich erbittert mit seinen Forscher-Kollegen, verteidigt unbeirrt seine Ansichten und Theorien. Er hat kaum Freunde, heiratet nie. Isaac Newton, ein Mann, der sein ganzes Leben der Forschung und Wissenschaft gewidmet hat – ein genialer, aber einsamer Kopf.

HILDEGARD VON BINGEN

Melisse macht gute Laune, Pfefferminze hilft bei Erkältungen, Fenchel ist gut für die Verdauung. Enorm, was Hildegard von Bingen (1098-1179) über Heilkräuter wusste. Die kluge und streitbare Frau ist Nonne, Heilerin, Seherin und Musikerin zugleich. Männer wie Kaiser Friedrich Barbarossa hören auf ihren Rat. Hildegard hat regelmäßig sogenannte Erscheinungen, die ihrer Ansicht nach direkt von Gott kommen. Sie schreibt diese Botschaften auf, genauso wie ihr umfassendes Wissen über Heilkräuter und Krankheiten. Das gibt Ärger mit den männlichen Kirchenoberen. Erst recht, als sie ein eigenes Kloster gründen will. Doch Hildegard schafft es mit ihrer freundlichen, aber bestimmten Art, Männern die Stirn zu bieten und sich durchzusetzen. Sie erhält sogar vom Papst die offizielle Erlaubnis, ihre Forschungen und religiösen Erkenntnisse zu veröffentlichen. Als erste Nonne predigt sie öffentlich auf Marktplätzen vor Hunderten von Menschen. Kranke aus vielen fernen Ländern reisen an, um ihre Hilfe zu suchen. Nebenbei verfasst sie Lieder, schreibt ein Singspiel. Ihre Heilkunde-Bücher gelten heute als Wegbereiter für Naturmedizin. Sie ist im Mittelalter eine Volksheilige, heute würde sie wie ein Star gefeiert werden.

Heimlicher Kam gegen den Terror

Deutschland unter den Nazis: Krieg, Terror, Massenmord an den Juden, Vernichtungslager. Millionen Menschen haben Angst. Viele machen mit, viele schauen weg. Aber es gibt auch die Menschen, die nicht wegschauen. Die, die Widerstand leisten, den Opfern helfen und kämpfen. Gegen Unrecht, für Menschlichkeit. Still, heimlich und selbstlos. Sie wissen, dass sie ihr Leben aufs Spiel setzen. Aber sie helfen trotzdem.

Stoppt Hitler!

Der Krieg geht seinem sicheren Ende entgegen. Wie im Jahre
1918 versucht die deutsche Regierung alle Aufmerksamkeit auf
die wachsende U-Bootgefahr zu lenken, während im Osten die Armeen
unaufhörlich zurückströmen, im Westen die Invasion erwartet wird.
Die Rüstung Amerikas hat ihren Höhepunkt noch nicht erreicht,
aber heute schon übertrifft sie alles in der Geschichte seither
Dagewesene. Mit mathematischer Sicherheit führt Hitler das deutsche
Volk in den Abgrund. Hitler kann den Krieg nicht
gewinnen, nur noch verlängern! Seine
und seiner Helfer Schuld hat jedes Maß unendlich überschritten.
Die gerechte Strafe rückt näher und näher!

Was aber tut das deutsche Volk? Es sieht nicht und es hört
nicht. Blindlings folgt es seinen Verführern ins Verderben. Sieg
um jeden Preis, haben sie auf ihre Fahne geschrieben. Ich kämpfe
bis zum letzten Mann, sagt Hitler - indes ist der Krieg bereits
verloren.

Deutsche! Wollt Ihr und Eure Kinder dasselbe Schicksal erleiden,
das den Juden widerfahren ist? Wollt Ihr mit dem gleichen Maße
gemessen werden, wie Eure Verführer? Sollen wir auf ewig das von
aller Welt gehasste und ausgestossene Volk sein? Nein! Darum
trennt Euch von dem nationalsozialistischen Untermenschentum!
Beweist durch die Tat, dass Ihr anders denkt! Ein neuer Befreiungs-
krieg bricht an. Der bessere Teil des Volkes kämpft auf unserer
Seite. Zerreisst den Mantel der Gleichgültigkeit, den Ihr um Euer
Herz gelegt! Entscheidet Euch, eh' es zu spät ist!

OSCAR SCHINDLER

Vom Lebemann zum Le

Erst setzt er sie als billige Arbeitskräfte in seiner Fabrik ein. Aber als der Fabrikbesitzer Oscar Schindler mitbekommt, dass die Nazis alle Juden ausrotten wollen, wird er zum Lebensretter. Mit List und Tücke bewahrt er rund 1200 Juden aus seinem Betrieb vor der Ermordung in den Vernichtungslagern.

Oscar Schindler (1908-1974) ist ein Mann mit zwei Gesichtern. Einerseits der berühmte Lebensretter, anderseits ein skrupelloser Geschäftsmann. Schon früh knüpft der im heutigen Tschechien geborene Ingenieur Kontakt zu den deutschen Nazis. Er spioniert sogar für sie und tritt kurzzeitig in die Nazipartei ein. In Polen, das Hitlers Armeen überfallen haben, kauft er eine Fabrik zu einem Spottpreis. Die gehörte einmal jüdischen Industriellen, die aber von den Nazis enteignet wurden. Dort stellt Schindler Küchengeräte für die deutsche Wehrmacht her, verdient sich damit eine goldene Nase. Schindler profitiert davon, Juden als billige Arbeitskräfte auszunutzen. Er sonnt sich in seinem Erfolg, feiert gern mit Nazi-Führern. Aber allmählich verdichten sich die Gerüchte über die Gräueltaten im Krieg und die Vernichtungslager. Als Schindler mitbekommt, wie die Nazis Juden erschießen oder in Viehwaggons abtransportieren, regt sich in dem Lebemann die Seele. Jetzt macht der empörte Industrielle alles, um den Juden in seiner Fabrik zu helfen. Er lässt seinen Betrieb als kriegswichtig einstufen. Damit verhindert er, dass seine jüdischen Arbeiter und Arbeiterinnen

Die berühmte Schindler-Liste (links ein Auszug). Sie bewahrt 1200 jüdische Zwangsarbeiter vor dem sicheren Tod. Oben: das Konzentrationslager Auschwitz

Staatsstreich und die spätere Neuordnung Deutschlands vor. Der zum Oberst beförderte Stauffenberg gehört mittlerweile zum Generalstab und hat damit Zugang zum streng bewachten Führerhauptquartier. Mehrere Anschlagspläne werden verschoben, schließlich einigen sich die Verschwörer auf den 20. Juli 1944.

Bei einem Fliegerangriff in Nordafrika wird Stauffenberg schwer verletzt. Rechts: Der Verschwörer zu Hause mit seinen Kindern. Stauffenberg trägt infolge der Kriegsverletzung eine Augenklappe, seine rechte Hand fehlt

Er will die Bombe unbedingt allein legen

An dem Tag soll beim Führer in der Wolfsschanze eine Besprechung stattfinden. Eigentlich ist Stauffenberg wegen seiner verstümmelten Finger ungeeignet als Attentäter. Aber er besteht darauf, die Tat selbst und allein auszuführen. Er hat eine

Vor dem Attentat: Stauffenberg (in heller Uniform) steht steif neben einem Offizier, der Hitler begrüßt. In Stauffenbergs Aktentasche befindet sich die Bombe

eigens für ihn präparierte Zange in der Tasche, mit der er den Sprengsatz aktiviert. Unter dem Vorwand, noch mal telefonieren zu müssen, verlässt er den Raum. Wenig später detoniert die Bombe. Rauch, Schreie, Chaos. Im Tumult nach dem Attentat entkommen Stauffenberg und ein Mitverschwörer. Sie gehen davon aus, dass Hitler tot ist und machen sich auf den Weg nach Berlin, wo der Umsturz richtig losgehen soll. Dort kommen widersprüchliche Nachrichten an. Viele Mitverschwörer zögern, laufen wieder zu den Nazis über. Als sich auch noch Hitler selbst in einer Radioansprache zu Wort meldet, ist gewiss: Der Staatsstreich ist misslungen.

Am späten Abend verhaften regimetreue Offiziere Stauffenberg und drei seiner Mitverschwörer. Ein Standgericht verurteilt die Widerständler zum Tod. Noch in der Nacht wird Stauffenberg gemeinsam mit seinen Mitstreitern erschossen. Das tragische Ende eines Mannes, der, wenn auch spät, erkannt hat, dass er einer falschen Sache dient – und dann entschlossen eine Lösung gesucht hat.

Das zerstörte Führerhauptquartier nach der Bombenexplosion

ANDRE TROCME

Ein kleines Dorf auf der Hochebene im Zentralmassiv in Frankreich. Das Klima ist rau, das Leben hart. Aber in Le Chambon haben die Einwohner ein Herz aus Gold. Sie verstecken mehr als 3000 Juden während der Zeit, als die Nazis halb Frankreich besetzen. Vier Jahre lang ist der Ort ein Geheimtipp für jüdische Flüchtlinge und für viele die letzte Rettung. Verwunderlich, dass die Verschwörung so lange unentdeckt bleibt. Doch die Rettungsaktionen verlaufen still und unauffällig. Die Flüchtlinge kommen auf den weit verstreuten Bauernhöfen in der Umgebung unter. Pfarrer André Trocmé, seine Frau Magda und der Pfarrer André Betteux sind es, die die Verteilung der Flüchtlinge auf die umliegenden Höfe organisieren. Diskret und effektiv. Die Bauern sind verschwiegen und zurückhaltend. Alle helfen irgendwie. Es gibt sogar Bauern, die Papiere fälschen und andere, die Juden nachts über die Schweizer Grenze schleusen. Aber niemand weiß, ob der Nachbar Flüchtlinge versteckt hat, niemand redet über die Rettungsaktionen. Eine verschworene Helfergemeinschaft, eine, für die es selbstverständlich ist, anderen Menschen Schutz zu gewähren. Denn die Einwohner stammen von den Hugenotten ab – eine religiöse Minderheit im katholischen Frankreich, die selbst einmal blutig verfolgt worden war. Und sie sind sehr mutig. Als der Bürgermeister den Pfarrer warnt, dass die Polizei bald nach Juden suchen werde, entgegnet André Trocmé gelassen: „Wir kennen keine Juden, wir kennen nur Menschen."

Heimliche Judenretter: Pfarrer André Trocmé (1901-1971) und seine Frau Magda (1901-1996)

Bild des Schreckens: Deutsche Soldaten nehmen im besetzten Frankreich drei Flüchtlinge gefangen

GEORG ELSER

Wäre sein Plan geglückt, dann hätte er vermutlich den 2. Weltkrieg und den millionenfachen Mord an den Juden verhindern können: Georg Elser (1902-1945), der Schreinergeselle aus Hemaringen, der Adolf Hitler mit einer Bombe töten wollte. Es ist ein unscheinbarer Mann, der diese unglaubliche Tat vorhat. Unauffällig, umgänglich, ein geschickter Handwerker, der an Gott glaubt und sonntags in die Kirche geht. Von Parteien hält er nichts. Aber er spürt ganz genau, dass Hitlers Politik zu einer furchtbaren Katastrophe führen wird und dass diese Entwicklung mit normalen Mitteln nicht zu stoppen ist. Er sieht keinen anderen Weg, als den Tyrannen zu töten. Elser handelt ganz allein, erzählt niemandem von seinem gefährlichen Plan. Heimlich bastelt er eine Bombe, versteckt sie unbemerkt im Münchner Bürgerbräukeller. Dort wird Hitler reden. Aber ausgerechnet an diesem Tag verkürzt der Nazi seine Rede und verlässt vorzeitig die Kundgebung.

Die Bombe reißt acht Menschen in den Tod. Der Attentäter wird an der Grenze zur Schweiz verhaftet. Im Vernichtungslager Dachau wird er 1945 ermordet.

Vielleicht ist der Tod unschuldiger Menschen der Grund, warum Elser nach Kriegsende lange vergessen bleibt. Aber er ist der Erste, der es wagt, entschieden und unglaublich mutig zu handeln, um das Unheil zu verhindern.

MAX SCHMELING

Es ist die 12. Runde. Max Schmeling trifft mit einem mächtigen rechten Haken seinen Gegner Joe Louis am Kinn. Der Boxer wankt, geht k.o. zu Boden. Ganz Deutschland feiert Schmelings sensationellen Sieg über den bis dahin ungeschlagenen Amerikaner. Der Hamburger Junge aus ärmlichen Verhältnissen, der es mit Fleiß und Disziplin zum Box-Weltmeister gebracht hat, wird zum Vorbild für Millionen. Das kommt für die Nazis wie gerufen. Sie benutzen ihn als Symbol der Überlegenheit der nordischen Rasse. Sie feiern ihn als Nationalheld, und Hitler lädt ihn zu sich ein. Dass er alles kritiklos

mitgemacht hat, nehmen Schmeling später viele Deutsche übel. Aber auch da hat Schmeling wohl gekämpft, diesmal still und ohne Fäuste: Obwohl es die Nazis von ihm fordern, wird er nie Mitglied der Nazipartei. Und der Boxer lehnt es ab, sich von seinem jüdisch-stämmigen Manager zu trennen. Und erst recht von seiner Frau, einer tschechischen Schauspielerin.

Nach dem Krieg zeigt Schmeling, dass er auch ein großes Herz hat. Er gründet eine Stiftung für in Not geratene Boxer und engagiert sich für die SOS-Kinderdörfer. Als sein früherer Rivale Louis verarmt stirbt, übernimmt er die Beerdigungskosten. Erst 1989 wird bekannt, dass auch Schmeling Widerstand gegen die Nazis leistete: Der Boxer rettete zwei jüdischen Brüdern in Berlin das Leben. Er hat sie vor den Nazis mehrere Tage in seinem Hotel versteckt – anschließend sogar bei sich zu Hause.

Zähne zusammenbeißen und durch: Max Schmeling (1905-2005) zu Gast bei Hitler

MARIA GRÄFIN VON MALTZAN

Meisterin der Tarnung: Mit glanzvollen und charmanten Auftritten täuscht die Gräfin die Nazis

Die Gräfin spielt eine gefährliche Doppelrolle: Sie hilft heimlich jüdischen Flüchtlingen und hält offiziell Kontakt zu Nazi-Parteigrößen, geht mit Generälen und SS-Offizieren aus. Kaum jemand ist so einfallsreich wie die Berliner Tierärztin, wenn es darum geht, verfolgten Menschen zu helfen. Eine große Gruppe Juden versteckt Maria Gräfin von Maltzan (1909-1997) in Holzkisten schwedischer Diplomaten. Andere Verfolgte schmuggelt sie durch die Kanalisation

Berlins. Auch bei sich zu Hause gewährt die unerschrockene Gräfin vielen Flüchtlingen Schutz. Zeitweise übernachten in ihrer 3-Zimmer-Wohnung bis zu 20 Menschen. Die Nazis ahnen, was sie tut, verhaften sie mehrmals. Aber jedes Mal kommt Gräfin Maria ungeschoren davon. Nicht nur weil sie adeliger Herkunft ist – sie nutzt ihren Charme, ihren Witz, und manchmal provoziert sie auch. Und sie kennt keine Angst. Als die Gestapo in ihrer Wohnung nach dem jüdischen Schriftsteller Hirschel sucht – er ist ihr Geliebter – versteckt sie ihn kurzerhand im Hohlraum ihres Bettes. Hut ab vor dieser mutigen Gräfin!

Für ihren Glaube
sogar in den Tod

n gehen sie

Es gibt Menschen mit einem felsenfesten Glauben oder unbeirrbaren Ansichten. Sie kämpfen nicht aktiv für ihre Überzeugungen. Sie erdulden furchtbares Leid und lassen sich eher töten, als von ihren Vorstellungen abzulassen. Für viele Menschen sind solche Märtyrer Helden.

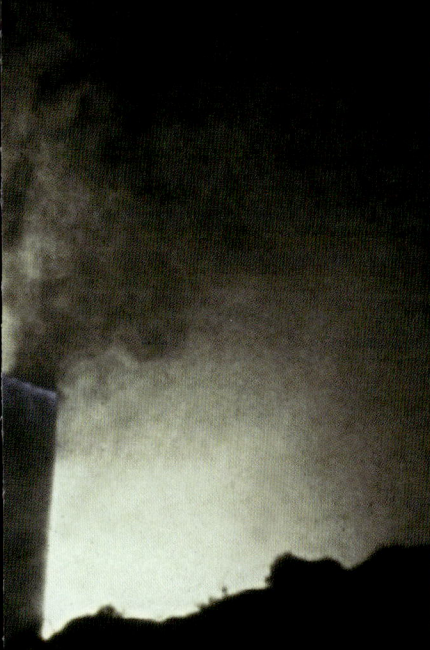

MÄRTYRER

DIETRICH BONHOEFFER

Ein Pastor, der sich nicht verbiegen lässt

Der Hof des Konzentrationslagers Flossenbürg ist hell erleuchtet. Es ist der 9. April 1945. Fünf Uhr am Morgen. Dietrich Bonhoeffer blickt hinauf zum Galgen. Er betet still, dann sagt er laut. „Das ist das Ende. Für mich der Beginn des Lebens." Er muss seine Kleider ablegen, dann steigt er die Treppe des Todes hinauf, gefasst und aufrecht.

Dietrich Bonhoeffer (1906-1945) im Kreise seiner Schützlinge, die er zu Nachwuchspastoren ausbildet. Als die Nazis die Schule schließen, führt er sie heimlich weiter

Ein Mann, der für seine Überzeugung in den Tod geht. Ein Mann mit eisernem Willen. Schon in frühen Jahren zeigt Bonhoeffer, dass er sich durchsetzen kann. Er beschließt gegen den Willen seiner Eltern, Theologie zu studieren. Dietrich macht schnell Karriere, wird mit 24 Jahren Professor in Berlin. Aber er will auch erfahren, wie Menschen in anderen Ländern mit ihrem Glauben umgehen, deshalb studiert er noch in Rom, Barcelona und New York. Zurück in Berlin, erkennt er früher als die meisten seiner Zeitgenossen den brutalen Charakter der Nazi-Herrschaft in Deutschland.

Er warnt öffentlich vor Hitler als Verführer und verlangt von der Kirche, nicht nur den Opfern staatlicher Gewalt zu helfen, sondern aktiven Widerstand zu leisten. Die meisten Kirchenleute aber teilen seine Meinung nicht. Viele folgen lieber dem nationalsozialistischen Gedankengut und sehen die Verfolgung der Juden als gottgewollt an.

Der Pastor arbeitet als Doppelagent

Die Kirche in Deutschland hat bald nichts mehr zu sagen, sie ist zu einer Organisation der Nazis geworden. Nur eine kleine Gruppe, zu der auch Bonhoeffer gehört, wendet sich gegen die unheilvolle Entwicklung. Diese Christen nennen sich „Bekennende Kirche". Die Geheime Staatspolizei (Gestapo) beobachtet Bonhoeffers Aktivitäten mit Argwohn. Bald wird die Gruppe von den Nazis verfolgt und muss im Untergrund arbeiten. Die Schulen, in denen Nach-

„Wer bin ich?" lautet der Titel eines seiner Gedichte, die er im Gefängnis schreibt. Sie zeugen von der Kraft und dem Mut, die ihm der Glauben gibt

Nazis. In Wahrheit arbeitet er gegen sie. Auf Auslandsreisen knüpft Bonhoeffer heimlich Kontakt zur britischen Kirche. Zurück in Deutschland, wird er verhaftet. Angeblich wegen Amtsmissbrauchs. Aber auch im Gefängnis verlässt ihn sein Mut nicht. Im Gegenteil: Er kümmert sich um Mitgefangene, spricht ihnen Trost zu. Die Briefe, die er aus der Haft schreibt, zeigen, wie stark sein christlicher Glaube ist. Dann kommt es 1944 zum Juli-Attentat auf Hitler, das jedoch scheitert.

Seine Hinrichtung: vier Wochen vor Kriegsende!

Im Nachhinein findet die Gestapo belastende Dokumente, die Bonhoeffers Beteiligung an der Verschwörung nachweisen. Es ist sein Todesurteil. Die Haft wird erst verschärft, dann kommt der Widerstandskämpfer ins Vernichtungslager.

Hitler persönlich ist es, der am 5. April 1945 Bonhoeffers Hinrichtung befiehlt. Wenige Wochen später ist der schrecklichste Krieg aller Zeiten vorbei und Deutschland befreit.

Ein aufrechter Christ und leidenschaftlicher Widerstandskämpfer gegen das Unrecht des Nazi-Regimes: Pastor Dietrich Bonhoeffer. Sein unbeugsamer Wille, sich nicht zähmen zu lassen, ist bewundernswert

wuchspfarrer im Sinne der christlichen Nächstenliebe ausgebildet wurden, werden geschlossen. Die Nazis verbieten Bonhoeffer, an deutschen Hochschulen zu lehren. Aber er gibt nicht auf. Auch nicht, als die Nazis ihn aus Berlin ausweisen. Mittlerweile ist offensichtlich, das Nazi-Deutschland einen Krieg plant. Eine schreckliche Vorstellung für den Pazifisten Bonhoeffer. Er bemüht sich weltweit, die christlichen Kirchen zum Einsatz gegen die laufenden Kriegsvorbereitungen zu bewegen. Vergebens. Gleichzeitig werden die Judenverfolgungen in Deutschland immer grausamer. Jetzt ist der Pfarrer endgültig davon überzeugt, dass es nur noch hilft, die Naziherrschaft gewaltsam zu beseitigen. Er schließt sich einer Verschwörer-Gruppe an und spielt dabei eine lebensgefährliche Rolle als Doppelagent. Es gelingt ihm, Mitarbeiter der militärischen Spionageabwehr in München zu werden. Offiziell ist er also auf der Seite der

Starb er, um wieder aufzuerstehen?

Blutüberströmt hängt der sterbende Jesus am Kreuz, mit durchbohrten Händen und Füßen. Sechs Stunden dauert sein Todeskampf. Maria Magdalena und einige wenige seiner Anhänger sind bis zuletzt bei ihm. Wie einen Verbrecher haben ihn die Römer ans Kreuz genagelt.

Seine Jünger sind aus Angst geflohen. Es scheint, als ob mit Jesu Tod alles vorbei ist: Alle Hoffnungen und Verheißungen auf das nahende Reich Gottes. Aber dann geschieht etwas Unglaubliches. Sein Grab ist plötzlich leer. Seine Anhänger glauben fest daran, dass er wiederauferstanden ist. Wie ein Lauffeuer verbreiten sich Erzählungen über das vermeintliche Wunder. Was wirklich in Jerusalem geschah, weiß niemand. Es existieren keine historischen Dokumente darüber. Die vier Evangelien, die später die Geschehnisse schildern, sind keine Tatsachenberichte, sondern Glaubenszeugnisse. Dennoch: Mit dem Glauben an die Auferstehung schlägt die Geburtsstunde des Christentums.

Ebenmäßige Züge, tiefgründiger Blick, den Wanderstab fest in der Faust. Jesus – verewigt vom dänischen Maler Carl Heinrich Bloch Kleines Bild: Christus am Kreuz. Gemälde von Diego Velazquez

Jesus bei Pontius Pilatus vor Gericht. So stellt sich der ungarische Maler Mihály Munkácsy die letzten Stunden im Leben Jesu vor. Das römische Stadtoberhaupt auf dem Thron, Jesus im weißen Gewand

Mit Jesus als zentralem Helden. Aber wer war Jesus wirklich? Nach neuesten Forschungen ergibt sich folgendes Bild: Er wird um das Jahr 4 oder 6 unserer Zeitrechnung geboren. In Nazareth, und nicht in Bethlehem, wie uns die Bibel glauben machen will. Sein Vater Joseph ist Bauhandwerker, ein Beruf, den auch Jesus später ausübt. Gemeinsam arbeiten sie an unterschiedlichen Baustellen in der damaligen nichtrömischen Provinz Galiläa.

In seinen Reden greift er mutig die Mächtigen an

Erst mit 25 Jahren entdeckt Jesus seine eigentliche Lebensaufgabe. Der Wanderprediger Johannes ist es, der sein Interesse an religiösen Dingen weckt.
Er schließt sich dessen Bewegung an, beginnt aber bald selbst zu predigen. Jesus erzählt spannend, er zieht viele Zuhörer in seinen Bann. Bald sammelt sich ein kleiner Kreis fester Anhänger um ihn. Es ist eine unruhige Zeit, viele Menschen sind arm und leiden unter hohen Steuern, suchen nach Orientierung. Und Jesus predigt Hoffnung. Er spricht von der beginnenden Herrschaft Gottes, von Nächstenliebe. Beim Erzählen verwendet er anschauliche Bilder, die sogenannten Gleichnisse. Allerdings sind die angeblichen Wunderheilungen, von denen die Evangelien berichten, unter Forschern heftig umstritten.
Und er macht Dinge, die bei den Mächtigen in der jüdischen Gesellschaft anecken: Er umgibt sich mit

Menschen, die nach damaligen Vorstellungen geächtet sind, isst und trinkt mit ihnen. Er greift in seinen Reden die Mächtigen an. Viele seiner Anhänger sehen in ihm den ersehnten Messias und rechtmäßigen König der Juden. Kein Wunder, dass er sich Feinde macht. Als Jesus in Jerusalem einzieht, befürchten die Herrschenden einen Aufstand. Der Prediger entfacht tatsächlich einen Tumult – einen Tag vor dem Passahfest, dem heiligen Fest der Juden.

Die Priester haben Angst vor Jesus

Er stößt Tische und Buden der Geldverleiher und Händler um. Damit will er gegen die Geschäftemacherei protestieren. Für die Priester ist das Maß voll: Jesus muss weg. Er wird verhaftet und angeklagt. Vorwurf: Aufwiegelung und Steuervergehen. Der oberste römische Verwalter und Richter, Pontius Pilatus, spricht ihn schuldig, schnell und ohne Gnade. Das Urteil: Tod am Kreuz.
Zwei Tage nach der Hinrichtung geschieht das Wunder: Jesu Anhänger finden sein Grab leer vor. Der Beginn einer Entwicklung, die die Welt verändern wird...

In den vier Evangelien gibt es vier verschiedene Versionen über die Auferstehung. Fest steht wohl, dass das Grab Jesu leer ist, als Maria mit ihren Begleiterinnen ans Grab kommt. Mal sind die Frauen verängstigt, mal erscheint ein Engel, der ihnen erklärt, dass Jesus auferstanden ist. Historisch ist keine der Varianten erwiesen. Jedoch wollen auch andere Menschen Jesus in der Stadt gesehen haben. Das sogenannte Wunder der Auferstehung gilt als Ausgangspunkt des christlichen Glaubens.

Die Auferstehung – Gemälde aus dem 19. Jahrhundert

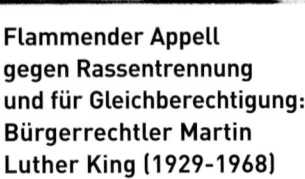

MARTIN LUTHER KING

Ich habe ein

Montgomery, USA, 1. Dezember 1955: Eine dunkelhäutige Frau weigert sich, im Bus aufzustehen, als ein Weißer sich auf ihren Platz setzen will. Die Frau wird sofort verhaftet, dann kommt es zu massenhaften Protesten gegen die Rassentrennung. Ein Mann organisiert den Widerstand: Martin Luther King.

Flammender Appell gegen Rassentrennung und für Gleichberechtigung: Bürgerrechtler Martin Luther King (1929-1968)

Mit der mutigen Aktion Rosa Parks beginnt der Widerstand gegen Rassentrennung. Unten: Rosa Parks Fingerabdrücke. Sie wird festgenommen, weil sie im Bus keinen Platz für Weiße macht

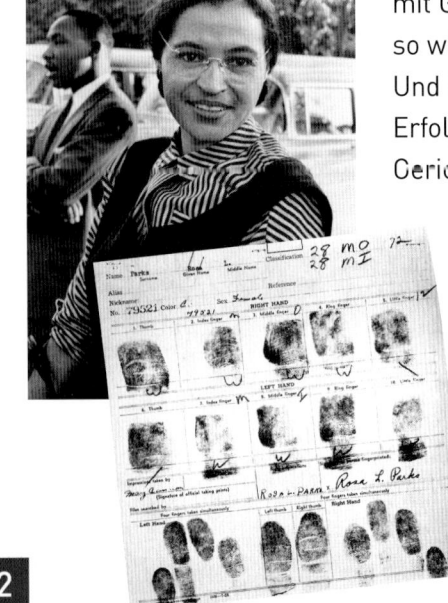

Die Schwarzen beschließen, die Busse einfach nicht mehr zu benutzen, mehr als ein ganzes Jahr lang. Es ist das erste Mal, dass sich die schwarze Bevölkerung massiv gegen die Benachteiligung wehrt. Aber viele Weiße wollen weiter die Herren spielen. Und besonders für den Anführer der Protestbewegung, Martin Luther King, wird es gefährlich. Er bekommt Morddrohungen, sein Haus wird in die Luft gesprengt. Viele Schwarze wollen sich daraufhin mit Waffen wehren. Aber der junge Pfarrer lehnt es strikt ab, Gewalt mit Gewalt zu beantworten. Genau so wie sein indisches Vorbild Gandhi. Und King hat schließlich ebenso Erfolg: Das oberste amerikanische Gericht erlässt ein Gesetz: keine Rassentrennung mehr in den öffentlichen Verkehrsmitteln in Alabama. Dieser Sieg macht King mutig, er will jetzt in ganz Amerika gegen die Benachteiligung der Schwarzen kämpfen. Der Bürgerrechtler ist von nun an ständig auf

Achse, hält Reden, Vorträge und Predigten. Aber noch sind viele Weiße nicht bereit zu akzeptieren, dass Menschen mit anderer Hautfarbe die gleichen Rechte haben wie sie. Glühender Hass auf King ist an der Tagesordnung.

Seine Worte rütteln ganz Amerika auf

Mehrmals wird er festgenommen. Aber er gibt nicht auf. Erst Jahre später kommt heraus, dass er fast verzweifelt ist bei so viel Feindseligkeit und Widerstand gegen ihn. Nach außen gibt er sich jedoch stets stark und selbstbewusst. So wie bei seinem berühmten Auftritt 1963 auf einer Demonstration in Washington. „Ich habe einen Traum", ruft er den 250 000 Teilnehmern zu. „Ich habe einen Traum: Dass meine vier kleinen Kinder eines Tages in einer Nation leben werden, in der man sie nicht nach ihrer Hautfarbe, sondern nach ihrem Charakter beurteilen wird." Bewegende Worte, die ganz Amerika aufrütteln. Der Druck auf die Regie-

en Traum...

Martin Luther King bei seiner berühmten Washingtoner Rede. Seine Ansprache, die er mit den berühmten Sätzen „Ich habe einen Traum" beginnt, bewegen nicht nur die 250 000 Zuhörer, sondern Millionen Menschen auf der ganzen Welt

rung nimmt jetzt zu. 1964 erlässt sie ein Gesetz, dass die Rassentrennung in weiten Bereichen aufhebt. Im gleichen Jahr erhält Martin Luther King den Friedensnobelpreis – als Wortführer des gewaltlosen Widerstandes gegen Unrecht und Benachteiligung. Im amerikanischen Alltag ist allerdings noch nicht viel von Gleichheit zu spüren, trotz aller Gesetze.

Überzeugter Gegner des Vietnam-Kriegs

Radikale Schwarze vertreten jetzt offen den gewalttätigen Kampf gegen soziale Ungerechtigkeit. Es kommt zu Aufständen, die King jedoch verurteilt. Und als überzeugter Kämpfer für den Frieden wendet er sich jetzt auch gegen den Vietnamkrieg, was ihm in der Öffentlichkeit heftige Kritik einbringt. Vor allem, weil er auch mit weißen Antikriegsgegnern zusammenarbeitet. Aber genau dieser uneingeschränkte Einsatz für den Frieden macht ihn zum Vorbild. Als er am 4. April bei einem Attentat erschossen wird, ist die ganze Welt geschockt. 300000 Menschen geben ihm das letzte Geleit, noch heute ist der gewaltlose Kämpfer für Frieden und Gerechtigkeit hoch verehrt in Amerika. Aber erst jetzt, fast vierzig Jahre nach seinem Tod, scheint sein Traum in Erfüllung zu gehen. Mit der Wahl Barack Obamas zum US-Präsidenten ist möglich geworden, was damals undenkbar schien.

Wie Schwarze benachteiligt wurden

Es gab viele Weiße in Amerika, die sich weigerten, Schwarzen die gleichen Rechte zuzugestehen wie Menschen mit weißer Hautfarbe. Einer der lautesten Befürworter der Rassentrennung war George Wallace, Gouverneur von Alabama. Das Foto unten zeigt ihn, wie er mithilfe der Polizei schwarzen Studenten den Zutritt zur Universität verweigert. Erst aufgrund der massiven Proteste, die Martin Luther King anführte, wurde die Rassentrennung 1964 nach und nach aufgehoben.

Gouverneur Wallace (in der Tür) versperrt den Eingang zur Universität (1963). Solche Behinderungen verstärken den Protest der Schwarzen

Mit Glauben, Schwert und Rüstung

Mit der Fahne in der Hand und in voller Rüstung: Jeanne d'Arc (1412-1431) bei der Krönung Karls VII.

Jeanne – seltsam entrückt. So stellt sich der französische Maler Bastien-Lepage den Moment vor, als Jeanne im Garten ihres Elternhauses plötzlich die Stimme Gottes hört

Sie ist 13 und spielt auf dem Bauernhof ihrer Eltern, als sie plötzlich eine seltsame Stimme hört. Sie ist fest davon überzeugt, dass es Gott ist, der zu ihr spricht. Die Stimme fordert das gläubige Mädchen auf, Frankreich zu retten und dem Königsanwärter Karl auf den Thron zu helfen.

Zu jener Zeit sind große Teile Frankreichs von den Engländern besetzt. Die kleine Jeanne glaubt fest an diese Vorsehung und verlässt bald ihr Elternhaus. Es gelingt dem Bauernmädchen tatsächlich, am königlichen Hof aufgenommen zu werden. Mehr noch, sie schafft es, den Thronfolger von ihrem göttlichen Auftrag zu überzeugen. Der hofft darauf, mit ihrer Hilfe auf den Thron zu kommen. Und Karl erlaubt ihr sogar, seine Truppen anzuführen. In Männerkleidung und mit Schwert und Fahne zieht sie voranweg in die Schlacht. Sie hat natürlich keine Ahnung von militärischer Kriegsführung, aber sie ist mutig und tapfer. Auch als sie vom Pferd fällt und von einem Pfeil getroffen wird, kämpft sie weiter. Ihr starker Glaube beeindruckt die Soldaten, die wegen der langen Kämpfe müde geworden sind. Sie glauben nur allzu gern an ein Wunder. Und mit Jeanne an der Spitze wendet sich das Kriegsglück.

Dank Jeanne wird erst die Stadt Orléans befreit, später weitere Teile Frankreichs. Klar, dass sich Thronfolger Karl freut. Er lässt sich ganz schnell zum König krönen. Damit hat er sein persönliches Ziel erreicht. Aber weiterkämpfen? Das kommt für ihn nicht mehr in Frage.

Ihr Mut und ihre Begeisterung spornt die fanzösischen Soldaten an: Jeanne d'Arc im Kampf gegen die Engländer.
Unten: Jeanne d'Arc beim Verhör durch den Kardinal von Winchester. Sie wirkt auf dem Gemälde standhaft und unbeirrbar

Warum die Kirche eine Kehrtwendung macht

Es dauert keine zwanzig Jahre, da erkennen die Kirche und Kaiser Karl, dass sie einen Fehler gemacht haben. Der Grund: In der Bevölkerung bleibt der heldenhafte Kampf Jeanne d'Arcs unvergessen. Sie wird hoch verehrt. Da kann auch die Kirche nicht weiter wegsehen. In einem neuen Prozess hebt sie das Urteil gegen Jeanne auf. Und im Laufe der Zeit wird sie immer mehr zu einer Heldin in Frankreich.
1920 spricht der Papst Jeanne sogar heilig. Im 2. Weltkrieg ist sie die Symbolfigur des Widerstandes gegen die deutsche Besatzung.

Die fanatische Jeanne will jedoch nicht eher ruhen, bis alle Engländer aus Frankreich vertrieben sind.

Der treulose König lässt sie fallen

Sie kämpft mit einer kleinen Armee weiter, ohne große Erfolge. Schließlich gerät sie in Gefangenschaft der Engländer. Die wollen den Ruf der kriegerischen Prophetin ein für alle Mal zerstören und übergeben Jeanne dem Kirchengericht.
Der Kirche ist Jeanne schon lange ein Dorn im Auge, weil sie sich als von Gott gesandt betrachtet. Das Gericht klagt sie wegen Ketzerei und Betrügerei an. Der König rührt keinen Finger, um Jeanne zu helfen. Obwohl er ihr doch den Thron verdankt. Sie wird monatelang verhört und schwört schließlich von ihren Überzeugungen ab, aus Angst vor

dem Feuertod. Aber dann widerruft sie ihre Entscheidung. Es gibt einen neuen Prozess, in dem Jeanne zum Tod auf dem Scheiterhaufen verurteilt wird.
Tausende Menschen schauen murrend der Hinrichtung zu. Als Soldaten sie an den Pfahl binden, ruft sie noch einmal laut: „Alles, was ich getan habe, habe ich auf Gottes Befehl hin getan." Aber schon züngeln die Flammen an ihrem weißen Gewand…
Ihr Mut, ihr unbeirrbarer Glaube und ihr Kampf ums Vaterland – das alles hat sie zur französischen Nationalheldin gemacht.

Unerschütterlich bis zuletzt: Jeanne auf dem Scheiterhaufen

CARL VON OSSIETZKY

Als Soldat erlebt Carl von Ossietzky die Gräuel des 1. Weltkriegs mit. Anschließend kämpft er schreibend für Frieden und für Freiheit. Keiner deckt die Missstände im Nachkriegs-Deutschland so schonungslos auf wie der Hamburger Journalist. Eigentlich hat er keine journalistische Ausbildung, nicht mal einen richtigen Schulabschluss. Aber Gedanken, Gefühle und Protest zu Papier bringen, das ist die große Leidenschaft des zurückhaltenden Mannes. Er verfasst Gedichte, ein Theaterstück, aber viel lieber politische Artikel.

Was er schreibt, ist klar und anschaulich. Immer wieder erhebt er das Wort gegen Krieg und Gewalt. Bald zählt der Mann mit der spitzen Feder zu den bedeutendsten Journalisten im Land. Ossietzky wird erst Redakteur, später sogar Herausgeber des politischen Magazins „Weltbühne". Das ist so etwas wie der

Auch als Häftling wirkt er unerschrocken: Carl von Ossietzky (1889-1938)

„Spiegel" heute. Schonungslos und mutig kritisiert er die herrschende Politik und warnt vor der aufkommenden Nazi-Gefahr. Als jedoch sein Magazin enthüllt, dass das deutsche Militär heimlich wieder aufrüstet, wird er verurteilt und kommt ins Gefängnis – wegen angeblichen Landesverrats. Nach einem Jahr ist er wieder frei. Aber kurz darauf sind die Nazis an der Macht. Freunde raten Ossietzky dringend zu fliehen. Der lehnt ab. Ohne Skrupel verhaften die Nazis ihren unliebsamen Kritiker. Sie stecken ihn in ein Vernichtungslager, misshandeln und foltern ihn. Seine berühmten Freunde im Ausland – unter anderem Thomas Mann und Albert Einstein, sind entsetzt und wollen ihn retten. Sie bemühen sich darum, dass dem Inhaftierten der Friedensnobelpreis zugestanden wird – und hoffen, ihn dadurch freizubekommen. Ossietzky erhält den Preis, darf aber nicht ausreisen. Er stirbt schwer krank, aber ungebrochen, im Alter von nur 48 Jahren.

Sein letzter Tag in Freiheit: Carl von Ossietzky mit Freunden vor dem Gefängnis in Berlin-Tegel

OSCAR ROMERO

Erzbischof Óscar Romero steht am Altar und spricht über die Gewalt in seinem Land El Salvador. Dann richtet er einen Appell an die Soldaten: „Brüder, hört auf, eure eigenen Brüder zu töten. Ihr verstoßt gegen das Gesetz Gottes." Da fallen Schüsse. Das weiße Altartuch färbt sich rot. Schnell ist klar, wer Óscar Romero erschossen hat: Killer im Auftrag der Militärdiktatur in San Salvador. Óscar Romero muss sterben, weil er sich mutig und furchtlos für die Armen und Entrechteten in dem bettelarmen Land einsetzt. Anfangs kümmert sich der scheue Kirchenmann nicht um Politik. Aber als die

Óscar Romero (1917-1980) bei einer Messe in San Salvador, wenige Tage vor seiner Ermordung

Militärdiktatur immer brutaler gegen Arbeiter und Bauern vorgeht, erhebt er seine Stimme. Beharrlich und mutig prangert er Unterdrückung, Gewalt und Ausbeutung an. Eine tapfere und beherzte Haltung, die ihn schließlich zum unerschrockenen Helden macht. Sein Grab in der Kathedrale von San Salvador ist heute Gedenkstätte für Pilger aus aller Welt.

JAN HUS

Gefesselt auf dem Scheiterhaufen wird Jan Hus zum letzten Mal aufgefordert, seine Ansichten zu widerrufen. Aber der mutige Prediger haucht mit letzter Kraft: „Ich nehme kein Wort zurück." Jan Hus muss sterben, weil er es gewagt hat, sich mit der katholischen Kirche anzulegen. Dabei will der gottesfürchtige Mann nur eins: die fehlgeleitete Kirche auf den richtigen Weg bringen, reformieren – wie rund hundert Jahre später Martin Luther. Er kritisiert den weltlichen Besitz der Kirche und das lasterhafte Leben vieler ihrer Würdenträger. Und er gewinnt immer mehr Anhänger. Das ist der Kirche, die nicht auf weltliche Macht und Reichtum verzichten will, ein Dorn im Auge. Sie verbannt ihn. In Konstanz will er seine Ansichten öffentlich vorstellen und verteidigen. Dort haben sich hohe kirchliche Würdenträger und weltliche Herrscher getroffen, um eine Einigung der damals zerstrittenen Kirche herbeizuführen. Obwohl dem ungeliebten Prediger freies Geleit zugesichert war, wird Hus verhaftet, angeklagt und zum Tode verurteilt. Jan Hus – ein wahrer Märtyrer.

Aufrecht und unbeirrbar noch auf dem Scheiterhaufen: Jan Hus (1370-1415). Bis heute gilt der Märtyrer als großer Held in Tschechien

MAXIMILIAN KOLBE

Späte Ehrung: 41 Jahre nach Kolbes Ermordung spricht ihn der Papst heilig

Auschwitz 1941: einem Häftling ist die Flucht geglückt. Aus Rache dafür sollen zehn andere Gefangene sterben. Der brutale Lagerkommandant lässt alle Häftlinge antreten und ruft willkürlich die Namen der Todeskandidaten auf. Einer der Verurteilten, ein Pole, schluchzt herzergreifend: „Gnade. Ich habe Frau und Kinder." Da tritt der Mitgefangene Maximilian Kolbe (1894-1941) hervor und sagt: „Ich möchte für ihn sterben. Ich stehe allein." Ein unglaublicher Schritt: Der Franziskanerpater bietet den eigenen Tod an, damit ein anderer leben kann. Tatsächlich überlebt der Familienvater Gajowniczek später den Nazi-Terror. Kolbe wird in die Todeszelle, den Hungerbunker, gesperrt. Er übersteht zwei Wochen lang Hunger und Durst und wird schließlich mit einer Giftspritze umgebracht. Wer ist dieser Mann, der sein Leben für einen anderen opfert? Der Sohn eines Fabrikarbeiters fühlt sich schon früh zum christlichen Glauben hingezogen. Mit 17 tritt er in den Franziskanerorden ein. Als Priester baut er im polnischen Niepokalanow (Marienstadt) das größte katholische Pressehaus des Landes auf.

In Japan ist er als Missionar aktiv. Nach dem Nazi-Überfall ist es Marienstadt, vor allem sein Kloster, das Hunderten Juden und anderen Flüchtlingen Zuflucht gewährt. Andererseits tritt er in seinen Veröffentlichungen dafür ein, dass die Juden aus Polen besser auswandern sollten. Als jedoch den Nazis verraten wird, dass er Flüchtlinge versteckt, wird Kolbe verhaftet. Er sitzt erst in Warschau hinter Gittern, dann wird er ins Vernichtungslager Auschwitz transportiert. Sichtbar ruhig und gelassen erträgt der Priester die menschenverachtende Gewalt im Lager. Als er schließlich in der Todeszelle landet, hält er Messen mit den anderen Todeskandidaten ab und spendet ihnen Trost. Ein Mann mit außerordentlicher Willenskraft und Güte.

Furchtbare Quälerei: Oft müssen Gefangene in den Konzentrationslagern der Nazis so antreten und stundenlang stehen – bei jedem Wetter

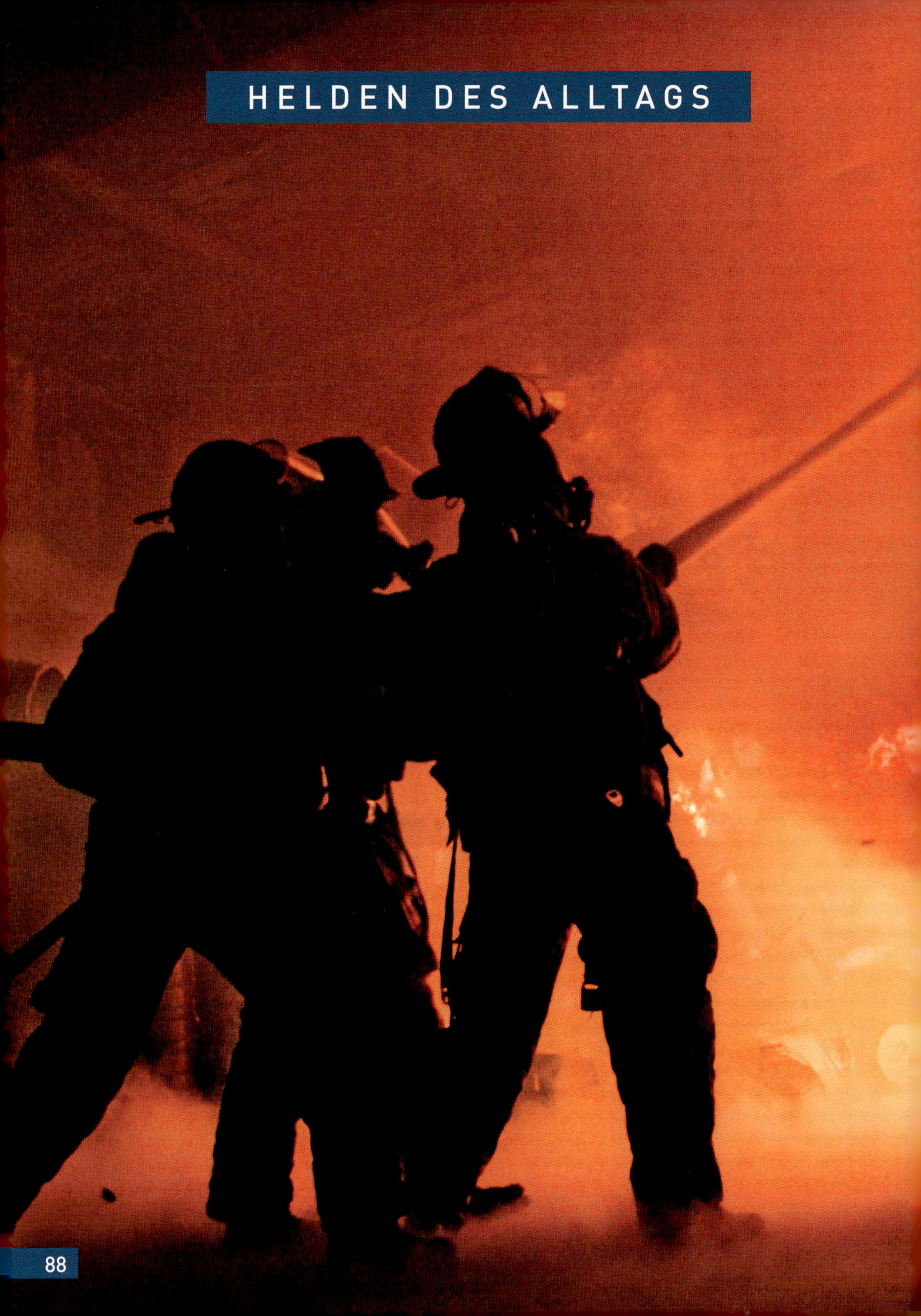

Sie machen viel mehr als nur ihren Job

Sie haben keine übermenschlichen Kräfte wie Superman. Sie sind ganz normale Menschen. Dennoch kommen sie immer und schnell, um zu schützen und zu retten. Zum Beispiel Feuerwehrleute, Polizisten oder Seenotretter. Für sie ist das Helfen selbstverständlich, auch wenn es manchmal sehr gefährlich ist. Es ist ihr Job. Aber oft bekommen sie nicht einmal Dank und Anerkennung.

Der Tod sitzt uns immer im Nacken

Aus dem geborstenen Küchenfenster schlagen Flammen. Durch den dichten Qualm im Treppenhaus dringen Feuerwehrmann Frank Kluge und sein Kollege nach oben in die brennende Wohnung vor. Die Männer von der Feuerwehr Oberhausen tragen Atemschutz und Handlöschgeräte.

Verwegener Blick: Feuerwehrmann Frank Kluge scheut keine Gefahr, um Menschen zu retten und Brände zu löschen. Er ist sich jedoch bewusst, dass er zuerst das eigene Leben schützen muss

Unten: Bei diesem Brand in einem Möbellager waren die Löscharbeiten extrem gefährlich, weil es hier viele leicht brennbare und explosive Stoffe gab

Mit einer Axt schlägt Frank Kluge die Wohnungstür ein. Er hört ein Japsen aus dem Wohnzimmer. „Schnell, lass das Feuer Feuer sein! Da ist jemand!" Rettung hat Vorrang vor Löschen. Durch den dichten Qualm erkennen die Männer eine ältere Frau auf dem Fußboden. Sie stöhnt und hustet. Rote Flammen züngeln schon an der Tapete des

Wohnzimmers. Kluge fasst mit routiniertem Griff der Frau unter die Arme, sein Kollege schnappt die Beine. Es muss alles schnell gehen. Jeder Atemzug in dem rauchgeschwängerten Raum kann für das Brandopfer tödlich sein. So schnell es in dem engen Treppenhaus geht, tragen die Männer die Frau die Stufen hinunter zum bereitstehenden Rettungswagen.

Überlebt – trotz schwerer Rauchvergiftung

Während Rettungssanitäter die Frau mit Sauerstoff versorgen, steigen Kluge und sein Kollege bereits in den Drehleiterkorb. Surrend fährt die Leiter vor den Balkon, von wo aus die Männer mit einem Wasserwerfer den Brand in der Küche bekämpfen. Zwei Stunden später: der Brand ist gelöscht. Aber was ist mit der Bewohnerin? Per Funk erfährt Frank Kluge, dass die ältere Dame über den Berg ist. Trotz schwerer Rauchvergiftung. „Das war Rettung

Beißender, dichter schwarzer Rauch und lodernde Flammen: Großbrand in einer Lagerhalle und Großeinsatz der Frankfurter Feuerwehr. Vom Fahrkorb einer Drehleiter aus bekämpft ein Feuerwehrmann die Feuerhölle

in letzter Sekunde", freut sich der Feuerwehrmann. Fühlt er sich als Held, als Lebensretter? „Quatsch. Ich mache nur meinen Job", sagt er. Und fügt nach kurzem Nachdenken hinzu: „Klar ist es eine ehrenvolle Aufgabe, Leben zu retten."
Der 35-jährige Rheinländer ist jemand, der zupackt und der geradeheraus sagt, was er denkt. Deswegen gesteht er auch gern ein, dass es noch etwas anderes gab, was ihn als junger Mann gereizt hat: Abenteuer, Nervenkitzel und die abwechslungsreiche Arbeit bei der Feuerwehr. „Das ist mehr als mal nur eben den Brand löschen", sagt er nicht ohne Stolz. „Wir sind auch Rettungssanitäter. Wir können auch schweißen, tauchen, bergen, schützen und psychische Betreuung leisten." Einer wie Frank Kluge hat auch viele Situationen erlebt, in denen er zu spät kam, wo keine

Rettung mehr möglich war. Die gefährliche Nähe zum Tod, Menschen leiden und sterben zu sehen – alles das ist gerade für den belastend, der sich zur Berufung gemacht hat, Leben zu retten.

Manchmal hilft nur noch psychologischer Beistand

„Der Tod sitzt uns immer im Nacken. Wir tun zwar alles Menschenmögliche, um zu retten. Und manchmal gibt es eben Umstände, die eine Rettung unmöglich machen. Das geht mir sehr nah." In solchen Fällen wendet sich Frank Kluge an den psychologischen Dienst oder redet mit Kollegen über die schrecklichen Erlebnisse. Reden hilft. Dann drückt die Seele nicht so schwer. Ein Feuerwehrmann ist eben auch nur ein Mensch.

Hat ein Feuerwehrmann niemals Angst?

Ein Feuerwehrmann handelt nie, ohne sich vorher Gedanken über mögliche Gefahren zu machen. Einsätze sind dann lebensgefährlich, wenn unübersichtliche Gebäude brennen „Wir mussten mal in eine brennende Autowerkstatt rein. Alles war voller Qualm. Plötzlich sind mir Sprühlackdosen um die Ohren geflogen ", berichtet Frank Kluge. „Es zischte und knallte. Da dachte ich: Hoffentlich haben die keine Acetylen-Flaschen, die man zum Schweißen braucht. Wenn die explodieren, ist es aus mit uns." In solchen Momenten wird auch einem Feuerwehrmann mulmig. Aber Kluge und seine Männer hatten Glück: Es gab keine Explosion.

91

SEENOTRETTER DIRK HENNESSEN

Wir fahren bei jedem Wetter raus

Der Notruf kommt per Handy. Höchste Alarmstufe für den Seenotkreuzer „Hannes Glogner" in Bremerhaven. Die 3100 PS starken Motoren des Rettungsschiffes heulen auf. Sie sind stets vorgewärmt, und innerhalb weniger Minuten nimmt die Hannes Glogner Kurs auf die Unglücksstelle.

Er hat starke Nerven und kann kräftig zupacken: Seenotretter Dirk Hennessen ist Kapitän auf der „Hannes Glogner" (oben)

Zwei Segler sind mit ihrem Boot in der Wesermündung gekentert. Hilflos treiben sie im eiskalten Wasser, mitten in der Fahrrinne. „Das ist lebensgefährlich. Da herrscht viel Schiffsverkehr. Sie könnten von einem großen Pott überfahren werden", warnt Dirk Hennessen, Kapitän auf dem Seenotkreuzer „Hannes Glogner". Eine weitere Gefahr ist die starke Strömung, die die Verunglückten hinaus ins Meer treiben kann. Eile ist geboten. Nach zwanzig Minuten fieberhafter Suche entdeckt

Bergung eines Schiffbrüchigen: Über die Rettungspforte des Beibootes zieht Dirk Hennessen den Verunglückten an Bord

der Kapitän die Köpfe der Schiffbrüchigen durchs Fernglas. Unverzüglich wird das kleine Tochterschiff mit zwei Helfern an Bord zu Wasser gelassen. Schnell nähert es sich den Verunglückten, die verzweifelt rufen und winken. Dann ziehen vier starke Arme die fast Bewusstlosen über eine Bergungspforte ins rettende Boot. Geschafft! Seenotretter Dirk Hennessen hat wieder einmal Menschen aus einer lebensbedrohlichen Situation gerettet. Für ihn nichts Besonderes: „Das ist mein Job." Schon als jungen Mann

hat es den jetzt 38-Jährigen aufs Meer gezogen. Er macht eine Ausbildung zum Schiffsmechaniker, später erwirbt er das Kapitänspatent. Als er hört, dass die Deutsche Gesellschaft zur Rettung Schiffbrüchiger Kapitäne sucht, ist für ihn klar: „Das mache ich. Kapitän zu sein, ist mein Traumberuf. Wenn ich dabei noch Menschen helfen kann – das ist ideal."

„Als der Kutter fast kippte, hatte ich Todesangst"

Egal, ob Sturm oder haushohe Wellen. Bei Wind und Wetter machen er und sein Team sich auf den Weg, wenn Menschen in Seenot geraten. Hennessen kennt auch Situationen, in denen es selbst für die Retter gefährlich wurde. „Wir haben einmal Seeleute aus einem Fischkutter gerettet. Der war auf eine Sandbank aufgelaufen. Durch ein großes Leck am Bug lief Wasser rein. Das Schiff hatte schon enorme Schlagseite und drohte auf unser Tochterboot zu kippen. Da dachte ich, mein letztes Stündlein hätte geschlagen."

Aber bisher ist alles gut gegangen. Der Kapitän kennt jedoch Einsätze, die tragisch verlaufen sind. Etwa, als ein Kollege beim Rückweg von einer geglückten Bergung von einer riesigen Welle über Bord gespült wurde und nicht mehr gerettet werden konnte. Aber trotz dieses Unglücks und der immer drohenden Gefahr kann sich Dirk keinen anderen Beruf als den eines Seenotretters vorstellen. „Du weißt eben, dass das Meer unberechenbar ist und im Ernstfall stärker als du. Deshalb muss man sich immer Respekt vor dem Meer bewahren. Und wenn ein Einsatz geklappt hat, dann kommt meistens von den Geretteten eine kleine Reaktion: ein Kopfnicken, ein dankender Blick. Das reicht schon. Dann freue ich mich."

POLIZIST UWE REUBER

Der Held von Ludwigshafen

Frankenthal Innenstadt. Mit hoher Geschwindigkeit rast ein Golf stadtauswärts. Dahinter mit Blaulicht die Polizei. Aus dem Seitenfenster des Fluchtautos richtet ein maskierter Mann eine Pistole aufs Polizeiauto. Er schießt…

Der freundliche Schutzmann aus Frankenthal: Uwe Reuber. Polizist aus Leidenschaft – und ein Held, der keiner sein will. Der 50-Jährige fährt am liebsten Streife, weil es da immer spannend und abwechslungsreich ist

Keine Szene aus einem Krimi, sondern ein Fall, den der Frankenthaler Polizist Uwe Reuber selbst erlebt hat. „Das war ein brutaler Überfall auf eine Sparkasse. Mein Kollege und ich haben das Fluchtfahrzeug verfolgt und schließlich die Räuber gestellt." Eine Verfolgungsjagd à la Hollywood, die allerdings selten vorkommt in der beschaulichen Pfälzer Kleinstadt. Aber dieser Einsatz ist dem 50-jährigen Polizeibeamten auch aus einem anderen Grund im Gedächtnis geblieben: „Ich habe große Angst gehabt, als der Räuber auf mich zielte. Man weiß ja nie, hat der eine scharfe Waffe oder eine Spielzeugpistole?" Angst ist nicht nur eine natürliche Reaktion, wenn jemand mit einer Waffe bedroht wird. Angst zu haben hat für einen Polizisten wie Reuber auch etwas Positives: „Wenn man Angst hat, ist man wacher und denkt viel mehr über die Situation nach. Dann handelt man besonnener und effektiver."

Fluchtauto kaputt, Täter verhaftet. So kann das Ende einer Verfolgungsjagd aussehen, wie sie Polizist Reuber in seiner langen Laufbahn mehrmals erlebt hat

Der 50-Jährige weiß, wovon er spricht. Er hat bereits 30 Dienstjahre auf dem Buckel und eine nicht mehr zählbare Menge an Einsätzen: Diebstahl, Raub, Nachbarschaftsstreit, Schlägerei, Einbruch, Feuer, Drogen. Als Schutzpolizist fährt Reuber gemeinsam mit einem Kollegen Streife. Sie schauen nach Auffälligkeiten, greifen ein, wenn etwas nicht in Ordnung ist. Meistens werden sie per Funk von der Leitstelle zu einem Einsatz beordert.

Zwei Blicke – dann lässt der Mann das Baby fallen

Polizist werden wollte Uwe schon als Kind. Und mit 23 Jahren, nach einer Handwerkslehre, setzt er den Wunsch in die Tat um. Bis heute hat er es nie bereut. „Als Polizist lernst du das Leben kennen, wie es wirklich ist. Die schönen, aber auch die traurigen Seiten. Glück und Leid." Und manchmal liegt beides nah beieinander. Wie im Jahr 2008 bei der Brandkatastrophe in Ludwigshafen. Uwe Reuber hat an dem Tag

Das Baby im freien Fall, verzweifelte Menschen im brennenden Haus – und unten die Polizisten, die die Hände emporrecken, um das Baby aufzufangen: ergreifende Bilder einer geglückten Rettung bei der Brandkatastrophe von Ludwigshafen. Sie zeigen aber auch, wie nah Freude und Leid beieinander liegen

Uwe und Kamil – Freunde fürs Leben

in Ludwigshafen Dienst. Da kommt plötzlich Feueralarm: Brand in einem Wohnhaus. Innerhalb von wenigen Minuten sind Polizei und Feuerwehr vor Ort. Mit dabei ist Uwe Reuber. Er sieht, wie in den oberen Etagen des brennenden Hauses Menschen verzweifelt um Hilfe winken. Sie sind in der Flammenhölle gefangen, das Treppenhaus brennt. Feuerwehrmänner und Polizisten handeln so schnell es geht und retten per Drehleiter viele Menschen. Dann sieht Uwe Reuber einen Mann, der im dritten Stock ein Kind aus dem Fenster hält. Ein Baby. „Der Mann hat mich direkt angesehen und ich blickte zurück. Dann hat er das Kind losgelassen. Ich habe instinktiv die Arme ausgestreckt und das Baby gefangen. Es war wie ein Wunder." Als Held, wie er später gefeiert wird, fühlt sich Reuber jedoch keineswegs. „Ich habe nur meine Arbeit getan und war zur richtigen Zeit zur Stelle", sagt der Polizist bescheiden.

Mit gemischten Gefühlen denkt Uwe Reuber an die Brandkatastrophe zurück. „Ich bin immer noch betroffen, dass neun Menschen dabei ums Leben kamen. Auf der anderen Seite bin ich erleichtert, dass wir 47 Menschen retten konnten." Mittlerweile hat der Polizist einen weiteren Grund, sich zu freuen: Er und Kamil Kaplan, der das Baby Onur aus dem Fenster fallen ließ, sind Freunde geworden. Kaplan (Foto oben, in der Mitte) hat bei dem Brand seine Frau, zwei Töchter und seine Mutter verloren. Ein schier unerträglicher Verlust. „Kamil und ich sprechen oft über das Unglück, das hilft ihm." Oft ist bei Kaplan auch der kleine Onur zu Besuch, Kaplans Neffe. „Wenn ich Onur zuschaue, wie er lacht und sich freut, dann sehe ich, dass das Leben weitergeht – trotz aller Katastrophen."

KATASTROPHENHELFER PETER GÖRGEN

Er hilft, wenn die Erde bebt

Bauingenieur Peter Görgen beim Spaziergang mit seiner Familie am Rhein bei Bonn. Da kommt der Anruf: Erdbeben in Pakistan. Alles zerstört. Mehrere Zehntausend Tote.

Schweißarbeiten an einer zerstörten Brücke – eine der vielfältigen Aufgaben des Technischen Hilfswerks

Mithilfe eines Seils bergen Katastrophenhelfer nach einem Erdbeben Überlebende aus einem zusammengestürzten Haus

Als Mitglied der Schnell-Einsatz-Einheit-Bergung-Ausland (Seeba), einer Spezialabteilung des Technischen Hilfswerks weiß Görgen sofort, was zu tun ist: So schnell wie möglich zum Frankfurter Flughafen. Dort wird bereits ein Flugzeug mit Hilfsgeräten beladen: Seilwinden, Schaufeln, Brechstangen, Ortungsgeräte und Zelte.

Nach neun Stunden Flug die Ankunft im Katastrophengebiet: „Überall Trümmer, Schutt und zersplitterte Balken. Ganze Dörfer, die von Erdrutschen begraben wurden. Weinende Menschen. Herumirrende Kinder", erinnert sich Görgen. In Windeseile baut sein Einsatztrupp Zelte auf, packt die Bergungs- und Ortungsgeräte aus, dann geht's an die Arbeit.

Die Aufgabe der Seeba: Verschüttete aufspüren und bergen. Die Einsturzgefahr von Gebäuden überprüfen, sie notfalls sichern. Plötzlich kommen Klopfgeräusche aus einem total zerstörten Haus. „Da haben wir mit Brechstangen ein Loch gegraben und eine Frau rausgezogen. Sie lebte und war unverletzt. Ein Wunder – nach vier Tagen." Die Freude währt nur kurz. Wenig später trauert er um 500 Kinder, die unter den Trümmern einer Schule starben. „Das ging mir verdammt nahe", sagt der Katastrophenhelfer.

Katastrophen sind nicht vorhersehbar

Seit 1972 ist er beim Technischen Hilfswerk. „Es hat mich interessiert, mit Technik Menschen zu helfen. Und ich wollte damals ein bisschen Held spielen", gibt er zu. Später, nach dem Studium, macht er als ehrenamtlicher Helfer weiter. Oft ist er tagelang irgendwo in der Welt im Einsatz: Trotz der vielen Einsätze hat er schon lange die Illusion verloren, dass er viel bewirken kann. „Was wir machen, ist ein Tropfen auf dem heißen Stein, Katastrophen sind eben nicht vorhersehbar."

Gute Fee auf Skiern

Dicke Schneeflocken und Nebel behindern die Sicht. Am Rand der Piste ein verunglückter Skifahrer. Er zittert vor Schmerz. „Ganz ruhig bleiben und die Zähne zusammenbeißen", sagt die junge Bergretterin Bettina Clauß.

Routiniert wickelt sie einen festen Verband um das verletzte Bein – samt Skischuh. Verdacht auf gebrochenes Schienbein. Gemeinsam mit ihrem Kollegen hievt sie den Verunglückten vorsichtig auf den Akia, wie der Transportschlitten in den Bergen genannt wird. Sie bettet den Skifahrer unter eine Isolierdecke und überprüft die Haltegurte. Dann

Skifahren und helfen: Bergretterin Bettina Clauß verbindet Angenehmes mit Nützlichem. Im Hintergrund: Gemeinsam mit einer Kameradin sichert Bettina Clauß einen verunglückten Skifahrer auf dem Transportschlitten

schnallt sie die Skier an und lenkt den Akia sicher zur Talstation. Dort wartet der Rettungswagen, der den Verunglückten ins Krankenhaus bringt. Wieder einer von vielen Einsätzen der Bergwacht. Rund 800 Mal pro Winter rücken die Bergretter am Feldberg (Schwarzwald) aus. Kaum zu glauben: Die Bergretter arbeiten ehrenamtlich, sie bekommen keinen Cent für ihren Einsatz. Das stört Bettina nicht. „Ich liebe die Natur und verbinde in meiner Freizeit gerne das Angenehme mit dem Nützlichen. Wenn ich dabei Menschen helfen kann – umso besser", sagt die begeisterte Skifahrerin, die übrigens seit ihrer Kindheit mit Helm fährt.

Langweilig wird es in der Hütte nie

Während der Woche arbeitet die 21-Jährige als Krankengymnastin, kennt sich also gut aus mit dem menschlichen Körper. Und wenn andere gewöhnlich ihren Hobbys nachgehen oder sich vom Arbeitsstress erholen, schiebt Bettina Dienst in der Bergwacht-Hütte: „Auch wenn mal nichts passiert, gibt es immer was zu tun: Kletter- und Sicherheitstechniken üben oder technische Geräte warten. Langweilig wird mir nie." Bettina – die gute Fee auf Skiern.

RÜDIGER NEHBERG

Für die einen ist er ein Spinner, ein Verrückter – für die anderen ein Überlebenskünstler, ein aufrechter Kämpfer für die Menschenrechte: Rüdiger Nehberg, Deutschlands bekanntester Abenteurer, der eine aufsehenerregende Reise nach der anderen macht. Der frühere Konditormeister wandert durch die Sahara, überquert den Atlantik per Floß. Er marschiert von Hamburg nach Garmisch – ohne einen Pfennig Geld, ernährt sich von Spinnen und Würmern. Überlebenstraining nennt er das.

Mit einem einfachen Floß über den Atlantik: Abenteurer Rüdiger Nehberg

Aber Nehberg überlebt nicht nur alle seine Abenteuer. Er lebt auch davon, macht seine Abenteuer mit Vorträgen und Büchern publik. Und bringt in Camps Jugendlichen und Erwachsenen bei, wie man in der Natur ohne Hilfsmittel überlebt. Dagegen ist „Dschungelcamp" im Fernsehen eine lahme Show. Nehberg ist jedoch nicht nur ein Abenteurer, er versteht seine oft gefährlichen Reisen auch als Kritik an der Überflussgesellschaft. In jüngster Zeit nutzt der unerschrockene Idealist seine Bekanntheit, um sich für Menschenrechte einzusetzen. So hat er ein Indianervolk im brasilianischen Regenwald gerettet, dessen Existenz von geldgierigen Goldgräbern bedroht war. Kürzlich hat er eine große Aktion gegen die grausame Mädchenbeschneidung in Afrika gestartet. Mit Erfolg. Mittlerweile verurteilen sogar Religionsgelehrte in vielen afrikanischen Ländern die bisherige Beschneidungspraxis als Unsitte. Man muss allerdings nicht gleich spektakuläre Aktionen unternehmen, um die Welt ein bisschen besser zu machen. Es reichen kleine Entwicklungen, findet Nehberg: „Jeder kann seinem Leben unendlich mehr Spannung und höhere Erfüllung verleihen, und niemand ist zu gering, etwas zu verändern, das ihn stört."

Rüdiger Nehberg mit einem Mädchen aus Eritrea. Dort hat der Aktivist erreicht, dass die Mädchen-Beschneidung verboten wird

MALTE

Die Stromschnellen in der Ruhr bei Hüsten sehen aus wie ein riesiger Whirlpool. Aber Baden ist hier verboten. Trotzdem springen die drei 12-jährigen Jungen Alex und die Zwillinge Kevin und Malte rein. Die Zwillinge schwimmen schnell wieder ans Ufer. Aber Alex schafft es nicht. Verzweifelt rudert er mit den Armen, um sich aus der Stromschnelle zu befreien. Malte zögert

Lebensretter Malte (l.) mit seinem Zwillingsbruder Kevin

keine Sekunde: Er springt wieder ins Wasser, versucht Alex' Hand zu greifen. Vergeblich. Plötzlich taucht Alex gar nicht mehr auf. Aber irgendwie gelingt es Malte, den Fuß des Jungen zu fassen. Mit letzter Kraft zieht er Alex ans Ufer. Sein Bruder hat unterdessen mit seinem Handy die Notrufnummer gewählt. Als der Rettungswagen wenige Minuten später eintrifft, liegt Alex regungslos und mit offenen Augen auf der Wiese. Aber er überlebt – ohne bleibende Schäden. „Rettung in letzter Sekunde", sagt ein Arzt später.

CHESLE

Der Airbus 320 hebt pünktlich in New York ab. Doch kurz nach dem Start taucht plötzlich ein riesiger Vogelschwarm auf, prallt mit Karacho gegen das Flugzeug. Es riecht nach verbranntem Geflügel, ein Triebwerk fängt Feuer. Die Maschine verliert sofort an Höhe. Ein Absturz droht. Flugkapitän Chesley Sullenberger sieht unter sich die Wolkenkratzer von Manhattan, in der Ferne glitzert der Hudson River. Der Kapitän entscheidet blitzschnell: Notlandung

ULI

Noch so jung und doch bereits ein Held: Der elfjährige Uli aus Bayern hat 50 Mitschülern das Leben gerettet: Wie jeden Tag steigt Uli morgens als einer der letzten in den Schulbus ein. Er setzt sich zu Anton, dem 71-jährigen Busfahrer. Hinten im Bus plappernde Schulkinder. Noch 20 Minuten Fahrt bis zur Schule. Plötzlich sackt Anton in seinem Fahrersitz zusammen, verliert das Bewusstsein. Der Bus rollt führerlos

Sein mutiges Handeln verhindert, dass ein Bus mit 50 Kindern an Bord verunglückt

quer über die Straße. Da ist nur noch eine Leitplanke vor dem tiefen Abgrund. Uli erkennt die tödliche Gefahr blitzschnell. Er reißt den linken Hebel am Fahrersitz, die Handbremse, mit einem Ruck nach oben. Der Bus bremst, schiebt sich noch über die Planke und bleibt über dem Abhang stehen. Die Vorderräder hängen bedrohlich in der Luft. Nicht auszudenken, was passiert wäre, wenn der Bus abgestürzt wäre! So ist alles gerade noch gut gegangen. Die Kinder kommen mit einem Schrecken davon. Aber Uli ist erst erleichtert, als er erfährt, dass es dem Busfahrer Anton wieder besser geht.

ULLENBERGER

auf dem Fluss. Viele Passagiere schreien, manche beten, viele halten in Todesangst den Atem an. Der Airbus setzt mit einem Ruck aufs eiskalte Wasser des Flusses auf. Wie durch ein Wunder bricht es nicht auseinander, alle 150 Passagiere und die Besatzungsmitglieder überleben. Alle verdanken ihr Leben dem Flugkapitän. Es ist eine besondere Fügung des Schicksals, dass ausgerechnet Sullenberger im Cockpit der Unglücksmaschine saß. Der 57-Jährige hat nicht nur 40 Jahre Flugerfahrung. Er ist auch Experte für Flugsicherheit und Ausbilder angehender Flugkapitäne. Und ein Mann, der in Krisen nervenstark die richtigen Entscheidungen trifft.

ANKE RABER

Die Kinderstation der Provinzklinik Gore im Tschad, am Rande des Regenwaldes. Es ist drückend heiß. Viele der kleinen Patienten wimmern, die meisten haben hohes Fieber. Fast alle sind an Malaria erkrankt. Eine Krankheit, die lebensbedrohlich ist, wenn sie zu spät behandelt wird. „Leider bringen viele Eltern ihre kranken Kinder erst in der letzten Minute. Dann helfen oft keine Medikamente mehr, sondern nur noch Bluttransfusionen. Aber auch die können manchmal vergebens sein", berichtet die Ärztin Anke Raber. Die Medizinerin aus Erlangen ist im Tschad, um zu helfen. Ehrenamtlich, nur gegen eine geringe Aufwandsentschädigung. Ein halbes Jahr ist sie hier für „Ärzte ohne Grenzen" im Einsatz. In einem Team von Ärzten, Hebammen, Pflegern und technischen Mitarbeitern. „Ärzte ohne Grenzen" ist eine unabhängige private Hilfsorganisation, die medizinische Nothilfe in Krisengebieten leistet. Wie zum Beispiel im Tschad. In dem armen afrikanischen Land besitzen die Menschen oft nur einen kleinen Acker. Die meisten haben viele Kinder. Ein Gesundheitssystem und

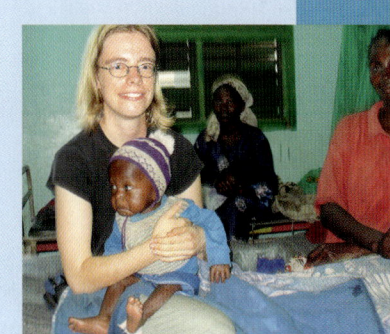

Anke Raber im Tschad, mit einem malariakranken Kind auf dem Arm

öffentliche Verkehrsmittel gibt es nicht. Das Leben ist gefährlich: Bürgerkrieg im Norden, im Süden Tausende von Flüchtlingen aus der Zentralafrikanischen Republik. Kaum vorstellbares Elend. Aber die bedrohliche Lage der Menschen, ihre Ohnmacht und Hilflosigkeit – genau das spornt Anke Raber an und motiviert sie: „Der Wohlstand und das Hochleistungs-Gesundheitssystem bei uns, auf der anderen Seite die Not und die bescheidenen Mittel der Menschen dort. Das ist alles so ungerecht. Bei „Ärzte ohne Grenzen" kann ich wenigstens einen bescheidenen Beitrag leisten. Ich bin glücklich, wenn Kinder, die fast sterbend zu uns kommen, wieder gesund werden und hüpfend die Klinik verlassen."

Bekannt, beliebt und bald vergessen?

Auf der Bühne, auf dem Fußballplatz, im Fernsehen und sogar in der Politik: Nie zuvor ist es so einfach gewesen, ein Star zu werden. Die Macht der Medien macht es möglich. Gute Taten, außergewöhnliche und selbstlose Leistungen – all das zählt heute kaum noch. Die Helden von heute sind diejenigen, die beim Millionenpublikum gut ankommen und sich gut vermarkten lassen.

BARACK OBAMA

Großer Versöhner und Hoffnungsträger?

Heilsbringer, Supermann und Medienstar. Kaum ein Politiker vereint so viele positive Attribute auf sich wie Barack Obama. Er wird verehrt wie ein Popstar – nicht nur in Amerika, sondern in der ganzen Welt.

Aber ist Barack Obama wirklich Mr. Perfect? Zunächst einmal ist er die Verwirklichung eines amerikanischen Traums. Ein Mann mit schwarzer Hautfarbe als Präsident? Vor wenigen Jahren noch undenkbar in Amerika. Aber Barack Obama hat es geschafft und sich vom Außenseiter zum mächtigsten Mann der Welt emporgekämpft.

Er ist der Sohn eines schwarzen Gaststudenten aus Kenia und einer weißen Frau aus Kansas. Aufgewachsen ohne Vater, erzogen

Sein strahlendes Lächeln reißt seine Anhänger mit und entwaffnet seine Gegner: Barack Obama, erster US-Präsident mit schwarzer Hautfarbe

Gefeiert wie ein Popstar: Barack Obama bei einer Wahlveranstaltung. Kann er die hohen Erwartungen, die in ihn gesetzt werden, erfüllen?

Sein Tempo ist atemberaubend: Milliarden für die Rettung von Amerikas Wirtschaft, Versöhnungsgesten gegenüber dem Iran, Schließung der Gefangenenlager, Abrüstungsinitiativen, mehr Soldaten für Afghanistan, bessere Klima-, Bildungs-. und Gesundheitspolitik. Ein Feuerwerk an Entscheidungen und Visionen hat Obama entfacht. Er hat damit gezeigt, dass er es ernst meint mit dem Wandel in der Politik. Vieles, wie die Wirtschaftshilfe, ist vielversprechend angelaufen, jedoch um den

von den Großeltern. Die Einsamkeit in der Kindheit ist sicherlich auch mit ein Grund, weshalb bei ihm der Wunsch nach Aufmerksamkeit, nach Anerkennung so groß ist. Und warum er sich schließlich entscheidet, Politiker zu werden.

Er plant seine Karriere bis ins letzte Detail

Der Weg dahin ist lang und hart, oft mit Selbstzweifeln verbunden. Aber Obama beißt sich durch, mit dem eisernen Willen eines Hochleistungssportlers. Überall will er der Beste sein, im Basketball, in

der Schule, im Studium. Er schafft es, glänzt mit seinen Erfolgen, aber hebt nicht ab. Im Gegenteil, er bleibt bodenständig, immer charmant, immer höflich. Keine bösen Worte. Millimetergenau und systematisch wie ein Architekt plant er seine Karriere: Jura-Examen, Heirat mit der schönen, selbstbewussten Michelle, soziales Engagement in den Elendsvierteln Chicagos und schließlich Eintritt in die Politik. Sein Motto: grenzenloser Optimismus und Versöhnen statt Spalten. Weil er ein ausgeprägtes Talent hat, sich jeder Situation anzupassen, eckt er nie an. Mit herausragendem rednerischen Geschick und einem entwaffnenden Strahlen wickelt er seine politischen Gegner ein. Ein Sonnyboy, der aber auch hart sein kann. „Yes, we can." Es ist dieser Slogan, der Millionen Menschen mitreißt, weil er keine Unterschiede kennt und alle mit einbindet: Schwarze und Weiße, Arme und Reiche. Obama, der Versöhner. Aber kann er Amerika auch aus der schweren Wirtschaftskrise führen?

Die Vereidigung als 44. Präsident der USA. Michelle, seine Ehefrau, freut sich mit ihm

Preis einer gigantischen Staatsverschuldung. Harte Zeiten kommen auf die Amerikaner zu. Andere Ankündigungen, die sich medienwirksam anhören, sind Willensbekundungen geblieben. Auch Obama kann eben nicht alles. Er unterliegt den Zwängen der globalen Wirtschaft, den Machtverhältnissen in Amerika und der Weltpolitik.

Obama ganz locker als junger Rechtsanwalt in Chicago (1990). Dort verhilft er benachteiligten Menschen zu ihrem Recht

SUPERMAN

Fliegender Weltenretter

Hautenger blauer Anzug mit einem großen „S" auf der Brust und ein wehendes rotes Cape. Die Markenzeichen des ewigen Kämpfers für Wahrheit und Gerechtigkeit: Superman.

Superman in Aktion: Hier saust der Superheld heran, um Chicago in letzter Minute vor einer Katastrophe zu bewahren. Filmplakat aus „Supermans Rückkehr" (2006), mit Brandon Routh als Superman

Zwei amerikanische Teenager haben die Comic-Figur vor 70 Jahren erfunden. Supermans erste Rettungsaktionen bei Hubschrauberabstürzen und Banküberfällen werden ein Bombenerfolg. Fortan tritt der Held mit den übermenschlichen Kräften in fast allen Medien auf: in Comics, in TV-Serien, Hörspielen, Romanen, Filmen und Computerspielen. Die Figur entspricht perfekt dem amerikanischen Selbstverständnis. In den jüngsten Versionen wandelt sich Superman zum Weltenretter und schlägt sich mit Außerirdischen, üblen internationalen Verbrechern und fiesen Robotern herum.

Im wirklichen Leben schüchtern und unsicher

Was ist das Geheimnis seines Erfolges? Sicherlich die Faszination seiner übermenschlichen Kräfte. Und, dass er sich stets für das Gute einsetzt und auch stets gewinnt. Selbst, als er bei einem Faustkampf stirbt, kehrt er wenig später ins Leben zurück. So gehört es sich auch für jemanden, der die Welt erlöst. Als großes Plus ist seine Doppel-Rolle anzusehen: auf der einen Seite der Held mit den ungewöhnlichen Fähigkeiten wie Unverwundbarkeit, Supergehör und Röntgenblick – auf der anderen Seite die Rolle als schüchterner, unsicherer Clark Kent. Ein ganz normaler Durchschnittsmann wie viele Leser und Kinogänger auch, die alle insgeheim die Hoffnung haben, einmal über sich hinauszuwachsen und so zu sein wie Superman.

HEIDI KLUM

Supermodel als Vorbild

Sie ist schön, reich, weltberühmt und ein Vorbild für Tausende junger Frauen und Teenager: Heidi Klum. Viele von ihnen haben nur einen Traum – sie wollen genauso erfolgreich werden wie das deutsche Supermodel.

Bild oben rechts: Heidi Klum in einem Minikleid bei einer Modenschau in Amerika

Heidi als Werbeengel: Parfüms, Kleidung, Schmuck, Süßigkeiten – kaum ein Produkt, das nicht ihren Namen trägt oder zumindest mit ihm wirbt. Das Heidi-Imperium, gemanagt von ihrem Vater, brummt

Doch was steckt hinter der Nobelmarke Heidi Klum, was hat sie zum Idol für viele junge Frauen gemacht? Als junges Mädchen ist sie nicht anders als viele andere Mädchen auch: intelligent, durchschnittlich hübsch, gute Figur. Aber das Mädchen aus Bergisch Gladbach hat auch noch Mut, sie nimmt an einem Modelwettbewerb teil. Das Glück ist mit ihr, sie gewinnt. Der Preis: ein Modelvertrag in Amerika im Wert von 300 000 Dollar. Es dauert noch sechs Jahre, bis ihre einzigartige Karriere beginnt. Dazwischen liegen harte Arbeit und eiserne Disziplin. Ihre Devise: Lächeln trainieren, gute Fragen stellen, selbstbewusst sein. Erst ihr Foto im schwarzen Bikini auf dem Titel einer US-Illustrierten macht sie zum internationalen Modelstar. Dann geht es

Schlag auf Schlag. Sie baut sich selbst und ihr Gesicht als Super-Marke auf. Heidi auf allen Kanälen im TV. Das klingt nach Überdosis. Aber Heidi kommt an.

Vom Topmodel zur Supermama

Und seitdem das Supermodel mit dem Sänger Seal verheiratet ist, gibt sie sich auch als Supermama. Ein großer Coup gelingt der mittlerweile 35-Jährigen mit der Show „Germany's Next Topmodel" im deutschen Fernsehen. In diesem Jahr ist die ewig lächelnde Strahlefrau zum vierten Mal auf der Suche nach Modelnachwuchs. Allein im Vorfeld haben sich 20 000 Mädchen beworben – rekordverdächtig. Erneut fiebern Millionen Zuschauer mit, wenn junge Frauen auf dem Laufsteg posieren. Unter ihnen sicherlich viele Mädchen, die aufgeregt mit ihren Freundinnen diskutieren, ob sie selber nicht mindestens genauso gut wären…

105

ANGELINA JOLIE

Klar, Angelina Jolie ist umwerfend schön und ungemein erfolgreich. Aber das allein macht sie nicht zum Idol. Neben ihrem Hauptjob als Schauspielerin pflegt sie zwei andere Images, die sie gleichermaßen für viele zum Vorbild machen: Supermama und Entwicklungshelferin. Welch eine Wandlung seit ihrer wilden Teenager-Phase. Damals hasst Angelina nichts mehr als Sonnenlicht, sammelt Messer, mit denen sie sich auch selbst verletzt, und hält sich Schlangen und Ratten als Haustiere. Kein Wunder, dass der jungen Schauspielerin die Rolle im Film „Durchgeknallt" wie auf den Leib geschrieben ist. Turbulent wie in ihren Filmen „Lara Croft: Tomb Raider" geht es auch in ihren ersten Ehen zu, was die Regenbogenpresse genüsslich verbreitet.

Aber plötzlich, als sie während Dreharbeiten in Kambodscha ein Flüchtlingslager besucht, entdeckt sie ihr Herz für die Vertriebenen. Sie jettet fortan zu den Krisengebieten in Afrika und Asien, macht auf die Probleme aufmerksam, fördert Schulen und Kliniken. Von den Vereinten Nationen wird sie sogar zur Sonderbotschafterin ernannt. Schlagzeilen macht sie aber erst wieder, als sie das Herz von Brad Pitt erobert. Die beiden gelten als das herausragende Paar Hollywoods. Nicht nur wegen des Glanzes und Glitters, der sie umgibt. Das Paar, kurz auch Brangelina genannt, schafft es, sich als vorbildliche Familie darzustellen. Ihre Kinderschar hat sich durch die Geburt von Zwillingen auf sechs erhöht. Und Angelina präsentiert sich jetzt liebend gern als Übermutter. Was natürlich nicht schwerfällt, wenn man dabei von einer Schar von Kindermädchen, Ärzten, Chauffeuren und Hausangestellten begleitet wird.

Angeblich das schönste Paar der Welt: Angelina Jolie und Ehemann Brad Pitt

LUKAS PODOLSKI

Schnörkellos, spontan und ein ungestümer Drang zum Tor. Das ist Lukas Podolski auf dem Platz. Aber sonst ist er geradeaus, natürlich und glaubwürdig. Einer, der es von der Straße in die großen Stadien geschafft hat, ohne abzuheben. Einer, der redet, wie ihm der Schnabel gewachsen ist. Ein Star ohne Starallüren. Ein großer Junge von nebenan. Das Licht der Welt erblickt Poldi, wie ihn seine Fans nennen, in Polen. Als er zwei Jahre alt ist, zieht die Familie nach Köln. Schon als Kind nutzt Klein Lukas jede freie Minute zum Kicken. Klar, dass er weniger die Schule im Kopf hat, er schafft aber trotzdem die Fachoberschulreife. Mit 18 wird er Fußballprofi, spielt bereits mit 19 in der Nationalmannschaft. Welch eine Karriere! Jetzt ist Poldi 24, hat Frau und Kind. Aber er hat immer noch etwas von einem großen Jungen. Jedoch leuchtet sein Stern nicht mehr so stark wie früher. Zum einen liegt es daran, dass der Kölner sich in München nicht so wohl fühlte. Aber auch die Ohrfeige, die er Michael Ballack bei einem Länderspiel verpasst hat, kratzt an seinem Image.

STEFAN RAAB

Keiner spaltet so wie er. Die einen bewundern seine flotten Sprüche und seine Dreistigkeit, mit der sich der Showmaster über andere Menschen lustig macht. Die anderen halten ihn für einen gehässigen Flegel, der sich auf Kosten anderer profiliert.

Tatsache ist: Stefan Raab zieht als TV-Moderator ein Millionenpublikum in seinen Bann. Ein Tausendsassa, ein Unterhaltungsgenie: Komponist, Sänger („Hier kommt die Maus") und Musikproduzent gleichzeitig. Im Fernsehen erfindet der 42-Jährige eine Show nach der anderen: „TV total", „Bundesvision Song Contest", „Schlag den Raab". Für den respektlosen Selbstdarsteller die ideale Bühne: Er liefert sich spektakuläre Duelle und tritt etwa als Boxer oder Turmspringer an. Vor allem aber veralbert er unzählige Persönlichkeiten und macht sich schamlos über ganz normale Menschen lustig. Folge: heftige Kritik und Klagen vor Gericht. Raab selber schirmt seine Familie streng von der Öffentlichkeit ab. Ein umstrittener Medienheld, der scheinbar keine Grenzen kennt.

Stefan Raab mit Rodelweltmeister Georg Hackl nach einer Wettfahrt in einem Wok

Tokio Hotel: Gustav Schäfer, Bill und Tom Kaulitz, Georg Listing

TOKIO HOTEL

Tausende von kreischenden jungen Mädchen. Plakate, auf denen steht: „Bill, ich liebe dich!" oder „Tom, ich will ein Kind von dir!" Schrille Momentaufnahmen bei Konzerten von Tokio Hotel, der gegenwärtig erfolgreichsten deutschen Pop-Band. Auftritte vor mehr als 10000 Fans und mehr als 5 Millionen verkaufte CDs sind eine deutliche Sprache. Keine Frage, die vier Jungs aus einem Dorf bei Magdeburg sind heißgeliebte Idole von Jugendlichen im Alter von 11 bis 15 Jahren. Und nicht nur in Deutschland, auch international – in Frankreich, Israel und jetzt sogar in den USA – hat Tokio Hotel die Herzen von Millionen Fans erobert. Was ist das Geheimnis dieser Band? Bei der Spurensuche kommt vieles zusammen: Es ist keine dieser Retortenbands, sondern die Jungs wirken wahrhaftig, echt und glaubwürdig. Sie singen auf Deutsch – rockige Balladen von der ersten Liebe, Sehnsucht, aber auch von harten Brocken wie die Scheidung der Eltern. Themen, die gerade für Jugendliche aktuell sind. Und dann die gekonnte Extravaganz des Frontmanns Bill. Mit seinen Stachelhaaren und den tiefschwarz geschminkten Augen sieht er aus wie eine Mischung aus Vampir und einer Figur aus japanischen Manga-Comics. Junge oder Mädchen? Das ist bei ihm auf den ersten Blick kaum erkennbar. Das ist schlau. So kann sich der Fan selbst entscheiden, was er in ihm sehen will: Freund oder Freundin. Hinzu kommt cleveres Marketing. Das Unternehmen Tokio-Hotel macht zur Zeit alles richtig. Wie lange noch?

IMPRESSUM

TREFF-Schülerwissen
HELDEN
Die Wahrheit über echte Vorbilder und falsche Idole

Velber Verlag
© 2009 Family Media GmbH & Co. KG, Freiburg i. Br.
Alle Rechte vorbehalten

Bildredaktion und Gestaltung: Dietmar Beyer
Texte: Detlev Krüger-Sperling
Sekretariat: Stephan Brünig
Grafische Mitarbeit: Stefan Düsseldorf

Titelabbildungen:
Große Titelabbildung: vario images/Design Pics
Kleine Titelabbildungen: Cinetext/„Superman Returns",
USA/AUS 2006, Regie: Bryan Singer, Brandon Routh;
Wikipedia/Wiktor M. Wasnezow

Umschlagrückseite:
Wikipedia/F.G.Weitsch, x-act Agentur GmbH, Universal
Music/Jens Boldt

Vorsatz (von links nach rechts):
dpa, Wikipedia/Manfred Ferrari, 2003; Feuerwehr
Frankfurt/www.feuerwehr-frankfurt.de; Wikipedia/Michel
Baudier; Wikipedia/Alberto Corda; TARGET/Rüdiger
Nehberg; akg; Wikipedia/Jules Bastien-Lepage; World
Economic Forum; Wikipedia/Lucas Cranach d. Ä.; BPK;
dpa, Wikipedia/Pedro Nonualco; Wikipedia; Wikipedia;
Wikipedia/www.ringzentrum.at; Wikipedia/Nelson Mandela
Foundation/Alet van Huyssteen; Wikipedia/N.C. Wyeth;
Stadtchronik Wien, Verlag Christian Brandstädter; dpa;
NASA, www.yadvashem.org; United State Senat; Wikipedia;
akg-images/Peter Connolly

S.5: DGzRS, Mary Evans Picture Library 2008
S.6-7, v. l. n. r.: Große Abbildung: www.maks-richter.de
Kleine Abbildungen: Cinetext/„Troja", USA 2004, Regie:
Wolfgang Petersen, Brad Pitt als „Achilles" ; Cinetext/
„Legion der Verdammten" („Les Miserables"), FR 1982,
Regie: Robert Hossein, nach dem Roman von Victor Hugo;
dpa und AP Photo/Jerome Delay; Yves Rossy/www.jet-
man.com; dpa; Cinetext/„Fog" - Nebel des Grauens, USA
1980, Hal Holbrook; Getty Images; Getty Images/Shaun
Heasley
S.8-9/Vorwort: akg/Francois Guenet (links); United State
Senat (rechts); Pixelio/ Tim Reinhart

KLASSISCHE HELDEN
S.10-11: Cinetext (Troja, USA 2004, Regie: Wolfgang
Petersen, Brad Pitt als „Achilles"
S.12-13: akg-images/Peter Connolly

S.13: (unten) akg-images/Peter Connolly;
(oben) Wikipedia/Herbert James Draper
S.14.: bpk/Museumslandschaft Hessen Kassel
S.15: (oben) Gerd Werner; (unten) Wikipedia/Roger Zenner
S.16: (oben) Wikipedia/Dollman, John Charles; (unten)
Wikipedia/Howard Pyle 1853–1911
S.17: (oben) AKG/ Martin Oldenburg,1904; (unten)
Wikipedia/Johannes Gehrts
S.18: (oben) Wikipedia/Louis Rhead; (unten) Wikipedia/N.C.
Wyeth
S.19 oben: Wikipedia/Osmar Schindler

FREIHEITSKÄMPFER
S.20/21: Cinetext/„Legion der Verdammten" („Les
Miserables") FR 1982, Regie: Robert Hossein, nach dem
Roman von Victor Hugo
S.22: (oben) Wikipedia/Alberto Corda; (unten) Wikipedia
S.23: (links) dpa; (Mitte) G. Villoldo/CIA National Security
Archiv; (oben u. unten) Wikipedia
S.24: Wikipedia; (unten) dpa
S.25: (unten) dpa; (oben) Wikipedia/D.Hundhammer
S.26: (oben) Wikipedia/Christoph van Sichem; (unten)
akg-images
S.27: (oben) Wikipedia/Michel Baudier; (Mitte)
Wikipedia/Grigory Gagarin
S.28: (links oben) Wikipedia/Jean-Leon Gerome;
(links unten) Gerd Werner; (rechts oben) Wikipedia;
(rechts unten) Wikipedia/Valdoria;
S.29: (oben) Wikipedia/José Hilarión Ibarra; (Mitte)
Wikipedia; (unten links und unten rechts) Wikipedia

FÜR DEN WELTFRIEDEN
S.30-31: dpa und AP Photo/Jerome Delay
S.32: (Mitte) dpa; (unten links) Wikipedia/Nelson Mandela
Foundation/Alet van Huyssteen
S.33: (oben links) Wikipedia; (oben rechts) dpa;
(unten rechts) Wikipedia/Ulli Schnull
S.34: (links u. rechts unten) Wikipedia
S.35: (oben links) dpa; (Mitte links) Wikipedia/ Bundesarchiv
S.35: (unten links) Wikipedia
S.36: (oben links) Deutsche Kinemathek; (unten links)
Kwiotek/Zeitenspiegel; (unten rechts) Wikipedia/Niklas
Schiffler
S.37: (unten links) Wikipedia/Monaxle; (unten rechts)
Stiftung Menschen für Menschen; (oben rechts)
Wikipedia/Steve Evans
S.38: (unten links) Wikipedia/Manfred Ferrari, 2003;
(unten) Pixelio/Simone
S.39: dpa (2)
S.40: Wikimedia/Stadtchronik Wien, Verlag Christian
Brandstädter; (unten links) Wikipedia
S.41: (unten links) akg; (rechts) dpa
S.42: (oben links u. oben rechts, unten links) Wikipedia;
(unten rechts) Wikipedia/Ferdinand Schmutzer
S.43: (oben rechts u. Mitte rechts) Wikipedia; (Mitte und
unten) dpa

DENKER & ENTDECKER

S.44-45: Yves Rossy/www.jet-man.com

S.46-49: Bertrand Piccard SA

S.48: (oben links) Wikipedia/ Steve Nicklas

S.49: (oben rechts) BREITLING ORBITER 3; (unten rechts) www.solarimpulse.com

S.50-51: Wikipedia (2); (unten links) Wikipedia/Jedrzej Pelka

S.51: (oben) Gerd Werner

S.52-53: NASA

S.54: (oben links) akg; (unten) Wikipedia/Peter Isotalo; (Mitte) Wikipedia

S.55: Wikipedia; Wikipedia/ Lucas Cranach d. Ä.

S.56-57: (oben links u. Mitte) F.G.Weitsch; (unten Mitte) Wikipedia; (unten links u. oben rechts) BPK

S.58: (oben Mitte) Mary Evans Picture Library 2008; (unten links) Getty Images

S.59: (oben) Wikipedia/Bundesarchiv; (unten) Wikipedia/Gertrude Bell Archive

S.60: (oben) x-act Agentur GmbH; (links Mitte) Bildergalerie.diz-muenchen.de; Wikipedia (2)

S.61: Wikipedia/de Bâle

S.62: (oben u. unten links) Y. Rossy/www.jet-man.com

S.62: (unten Mitte) dpa

S.63: (oben) Getty Images

S.63: (unten) Wikipedia/www.ringzentrum.at

WIDERSTANDSKÄMPFER

S.64-65: dpa

S.66-67: (Mitte links) Wikipedia/Bundesarchiv; (unten links) CORBIS/Ricki Rosen; (Mitte) Wikipedia/Miaow Miaow; (oben rechts) dpa; (unten rechts) Cinetext

S.68-69: (Mitte links) akg; (unten links, oben rechts) Gedenkstätte Deutscher Widerstand; Cinetext/„Die weiße Rose"/D 1982, Regie: Michael Verhoeven; Wikipedia/Bundesarchiv

S.70-71: NS-Dokumentationszentrum Köln (3); (rechts) Wikipedia

S.72-73: (unten links) akg; (oben rechts u. unten rechts) dpa, Wikipedia, (oben Mitte) Wikipedia/ Bundesarchiv

S.74-75: (oben links) www.yadvashem.org; (oben Mitte, unten Mitte) BPK; (Mitte) CORBIS/Bettmann; (oben rechts) Wikipedia/ Wm.C.Green/World Telegramm; (unten links) Wikipedia

MÄRTYRER

S.76-77: Cinetext/ „Fog" - Nebel des Grauens, USA 1980, Hal Holbrook

S.78-79: Staatsbibliothek zu Berlin - Preußischer Kulturbesitz (3)

S.80-81: (links) Wikipedia/Carl Heinrich Bloch; (links Mitte) Wikipedia/Diego Velazquez; (oben rechts) Wikipedia/ Munkacsy; (unten rechts) Wikipedia/ William Holman Hunt

S.82-83: (links oben, links unten) Wikipedia/National Archives and Records Administration (3); (Mitte) Getty Images; (oben rechts) Wikipedia/Edward Williams Clay; (unten rechts) Wikipedia/Warren K. Leffler

S.84-85: (oben links) Wikipedia/Jean Auguste Dominique Ingres; (unten links) Wikipedia/Jules Bastien-Lepage; (Mitte) Wikipedia/E. Lenepveu/ Tijmen Stam; (Mitte rechts) Wikipedia/Paul Delaroche, (unten rechts) Wikipedia

S.86-87: (links oben, Mitte u. unten rechts) Wikipedia/Bundesarchiv/Röhnert; (links unten) Wikipedia/Pedro Nonualco; (Mitte unten) dpa; (oben rechts) footage.org/Thomas Fröhlich; (Mitte) Wikipedia

HELDEN DES ALLTAGS

S.88-89: Getty Images

S.90-91: (oben links u. oben rechts) Feuerwehr Frankfurt/www.feuerwehr-frankfurt.de, (unten links) dpa

S.92-93: (links oben, Mitte, links unten) DGzRS; (rechts oben) YPS collection

S.94-95: (oben links) Uwe Reuber privat; (unten links) Presseportal der Polizeiinspektion Stade; (oben rechts) MGFFI/Christian Beier; (Mitte oben u. unten) ddp/René Werse (2)

S.96: THW (3)

S.97: www.maks-richter.de

S.98-99: (links oben, links unten) TARGET/Rüdiger Nehberg (2); (unten Mitte, links Mitte, rechts oben) dpa; (rechts) Anke Raber; (unten rechts) Wikipedia/GregL/CC-BYAirbus

HELDEN VON HEUTE

S.100-101: Getty Images/Shaun Heasley

S.102-103: (links) United State Senat; (unten Mitte) Corbis/Joe Wrinn; (oben Mitte) Reuters/John Gress; Wikipedia/Released/Master Sgt. Cecilio Ricardo, U.S. Air Force

S.104: Cinetext/ „Superman Returns", USA/AUS 2006, Regie: Bryan Singer, Brandon Routh

S.105: (oben rechts) Dan & Corina Lecca/The Heart Truth Fashion Show ; (unten links) 2008 Warner Music

S.106-107: (oben links) World Economic Forum; (links Mitte) Wikipedia/Efloch; (unten links) dpa; (oben links) Universal Music/Jens Boldt; www.ruth-moschner-fanclub.de/Bild-GFDL

Nachsatz (von links nach rechts): Wikipedia/Christoph van Sichem; Wikipedia/ Wm.C.Green; Henkel CEE GmbH; Wikipedia/de Bâle; Wikipedia/D.Hundhammer; DGzRS; www.maks-richter.de; Cinetext/„Superman Returns", USA/AUS 2006, Regie: Bryan Singer, Brandon Routh; Wikipedia (3); Gerd Werner; dpa; Wikipedia/Carl Heinrich Bloch; CORBIS/Ricki Rosen; dpa; Getty images; Wikipedia/Library of Congress Prints and Photographs Division. New York World-Telegram and the Sun Newspaper Photograph Collection; Y. Rossy/www.jet-man.com; Wikipedia; Wikipedia/Martin Tovar y Tovar; Wikipedia

Wir danken allen Illustratoren, Fotografen und Verlagen für die Abdruckgenehmigung. Wir haben uns bemüht, alle Rechteinhaber ausfindig zu machen. Sollten wir eine Quelle nicht genannt haben, bitten wir die entsprechende Person, sich mit uns in Verbindung zu setzen.

Thomas Müntzer

Max Schmeling

Heidi Klum

Bettina Clauß

Superman

Marie Curie

Mahatma Gandhi

Alexander von Humboldt

Oscar Schindler

Uli

Mary Kingsley

Maximilian Kolbe

Simon Bolívar